超実戦

JLPT リアル 模試

JLPT
Real
Practice
Tests

N2

日本語能力試験

AJオンラインテスト株式会社 著

アルク

はじめに

　かつては学習者であり、現在日本語教育に携わっている私の経験から、読者の皆さんにお伝えしたいことがあります。

　日本語の学習は人生と似ています。失敗や間違いから正解を見つけ出す過程が大切なのであり、失敗や間違いを恐れる必要はありません。語学はどんなに勉強しても終わりはなく、完璧もあり得ません。特に、JLPTのような試験では常に未知との遭遇を覚悟しなければなりません。そのため、私は皆さんがたくさん間違えてくれることを望んで、この本を作りました。本番に近い模試に挑んで試験の形式に慣れるだけではなく、間違いの中から学ぶことによって、皆さんはさらに成長し、合格に近づくことができるでしょう。

　この「JLPTリアル模試」で完璧な結果を出す必要はありません。間違いを恐れず、日本語能力試験合格とその先にある人生の夢に向かって進んでいってくれることを、心より望んでいます。

AJオンラインテスト株式会社 代表　キム・ユヨン

I would like to share something with you based on my experience as someone who was a student and is now involved in Japanese language education.

Learning Japanese is like life. The process of finding the correct answers from mistakes is important, and there is no need to worry about mistakes. No matter how much you study, language learning never ends, and you can never be perfect. With a test like the JLPT in particular, you must always be prepared to encounter the unknown. For that reason, I created this book while hoping that you will make lots of mistakes. By not only taking practice tests similar to the actual test to get used to the test format, but also learning from your mistakes, you can further grow and get closer to passing.

It's not necessary to get a perfect score on this "JLPT Real Practice Test". I sincerely hope that you pass the Japanese Language Proficiency Test and afterwards move towards your life's dreams.

한 때 여러분과 마찬가지로 일본어를 공부하는 학생이었으며, 현재 일본어 교육 분야에서 활동하고 있는 저의 경험을 바탕으로 독자 여러분께 간단히 인사말을 전해드리고자 합니다.

돌이켜 보면 일본어 공부 또한 우리들의 인생과 많이 닮아 있는 것은 아닌가 하는 생각이 듭니다. 결과가 중요하다고는 하지만, 저는 문제풀이처럼 실패나 실수로부터 정답을 찾아가는 과정이야 말로 삶과 공부 모두에 있어서 그 무엇보다 소중하다고 생각합니다. 그래서 우리들은 누구나 경험할 수밖에 없는 실패나 실수를 두려워해서는 안 된다고 생각합니다. 마찬가지로 시험범위라는 것이 존재하지 않는 어학에서 완벽이라는 것이 있을 수 없으며, 특히 JLPT와 같은 시험에서 여러분은 항상 미지와의 조우를 각오해야 합니다. 저는 여러분이 실전과 유사한 모의고사를 응시하는 것을 통해 실제 시험의 형식에 익숙해지는 것뿐만 아니라 실제 언어생활에서 만날 수 있는 많은 실수와 오류를 미리 범해 볼 수 있기를 바랍니다. 그 과정 속에서 여러분은 성장할 수 있을 것이며 합격에 가까워질 수 있을 것이라고 생각합니다.

여러분들은 "JLPT 리얼 모의고사"에서 반드시 완벽한 결과를 낼 필요는 없습니다. 저는 여러분들이 실패와 실수를 두려워하지 말고 도전하는 과정 속에서 일본어능력시험 합격과 그 앞에 있을 인생의 꿈을 향해 나아갈 수 있을 것이라 믿어 의심치 않습니다.

我曾经学习过日语,现在从事日语教学工作,我想跟各位读者分享一些心得。

日语学习就像我们的人生。从失败和错误中找出正确答案的过程非常重要,所以不必害怕失败和错误。语言的学习没有止境,也没有完美无缺。特别是在JLPT这样的测试中,大家要做好思想准备,未知无时无处不在。因此,我希望大家能够多犯错,于是写了这本书。希望大家不仅可以挑战与正式测试相似的模拟测试,习惯测试的形式,还能通过从错误中学习,实现进一步的成长,提高测试合格的可能性。

使用这本《JLPT真题模拟测试》,没有必要追求一份完美的答卷。我由衷地希望大家不惧错误,朝着日语能力测试合格的目标以及之后的人生梦想不断进取。

Trước đây tôi từng là một học viên học tiếng Nhật, và hiện nay tôi là một người hoạt động trong lĩnh vực giáo dục tiếng Nhật, với những kinh nghiệm đó, tôi có một số thông điệp muốn chuyển tới Quý độc giả.

Việc học tiếng Nhật cũng giống như cuộc đời vậy. Quá trình tìm ra đáp án đúng từ những thất bại và sai lầm là rất quan trọng; vì vậy chúng ta không cần phải sợ thất bại và sai lầm. Ngôn ngữ thì học bao nhiêu cũng không có điểm kết, và cũng không có gì được gọi là hoàn hảo cả. Đặc biệt, chúng ta cần giác ngộ rằng trong những kỳ thi như JLPT thì chúng ta luôn gặp phải những điều chưa biết. Chính vì vậy, nên tôi đã biên soạn ra cuốn sách này với hy vọng là các bạn sẽ sai thật nhiều! Không chỉ có làm quen với hình thức của kỳ thi thông qua việc thi các kỳ thi mô phỏng gần giống với kỳ thi thật, mà chính thông qua việc học từ những sai lầm sẽ giúp cho các bạn trưởng thành hơn và đỗ được các kỳ thi!

Các bạn không cần phải tạo ra kết quả hoàn hảo cho "Kỳ thi mô phỏng JLPT thực tế". Từ tận đáy lòng mình, tôi mong các bạn hãy hướng đến việc thi đỗ kỳ thi Năng lực tiếng Nhật và những ước mơ khác trong cuộc đời!

目次　Contents

別冊1

第1回　模擬試験（問題＆解答用紙）

別冊2

第2回　模擬試験（問題＆解答用紙）

この本の特長

❶試験のデータを徹底分析し、本当に必要な知識を厳選

　著者団体のAJオンラインテスト株式会社（以下、AOT）が日本語能力試験（JLPT）の問題を独自のAIシステムを利用して長年徹底分析してきた膨大なデータから、「実際に試験に出る、リアルな語彙や表現、文法」を厳選し、作問しています。

❷AIを利用して、3段階の難易度を算出

　問題の難しさは、語彙や文法の使い方、質問の仕方などさまざまな要素によって変化します。本書は日本語レベルに加え、AOTが運営するオンライン模試（以下、ioJLPT。詳しくは右ページ参照）を受けた日本語学習者の受験結果をAIで分析し、「リアルな間違えやすさ」を基準に、各問題に難易度（3段階）を提示しています。（読解問題は、文章の長さや漢字の比率、使用されている語のレベルによって、文章として総合的に算出した難易度を提示）

　従って、一見簡単そうに見えるのに難易度が高い問題は「注意すべき問題」ということになるので、解答する際にも復習する際にもしっかりと注意を払いましょう。

　自分の実力や課題を見極める参考にしてください。

❸オンライン模試を1回無料で受験できる（本紙と合わせて実質3回分！）

　本書の模試（2回分）に加えて、オンライン模試を1回無料で受けられます。勉強を始める前の力試しや試験直前の最終チェックなど、自分の好きなタイミングで利用できます。

この本の使い方

　別冊の問題用紙を取り外し、問題用紙最後の解答用紙を切り取って使いましょう。

効果的に模擬試験を使うポイント

・模擬試験は途中で止めずに、時間を測りながら本試験と同じ形式で行いましょう。
・第1回の目的は「問題形式、試験時間の長さ、その時点での実力の確認」で、第2回やオンライン模試の目的は「前回よりどの程度実力が伸びたかの確認」です。2回分一気に解くのではなく、目的に沿ったスケジュールを考えて使いましょう。

おすすめのスケジュール

❶第1回模擬試験を行う。 試験の数カ月前

　→自分の苦手分野を確認。苦手分野を中心に学習しましょう。

❷AOTオンライン模試に挑戦する。 試験の2カ月前

　→学習の成果を確認。得点が伸びない分野があれば、重点的に学習しましょう。

❸第2回模擬試験を行う。 試験2週間前

　→間違ってしまった問題は、最後の追い込みでしっかりモノにしましょう。

オンライン模試無料受験について

　「ioJLPT」は、AOTが提供している、日本語能力試験の模擬テストシステムです。本書をお使いの方は、スマホやパソコンから1回分無料のオンライン模試を受験することができます。

　詳しい利用方法は、下記の案内ページからご確認ください。

※オンライン模試の利用には、以下のIDとパスワードが必要です。

ID：alcn2moshi
パスワード：N2alcjrpt
https://onlinejlpt.com/iotutor/realmoshi

聴解試験音声のダウンロードについて

　本書聴解試験の音声は、パソコンやスマートフォンに無料でダウンロードできます。

💻 パソコンの場合

①アルクのダウンロードセンターにアクセスする。

　https://portal-dlc.alc.co.jp

②PCコード「7023013」か「JLPTリアル模試 N2」で検索して、この本の音声ファイル（zip形式で圧縮）をダウンロードする。

📱 スマートフォン／タブレットの場合

①無料アプリ「booco」をインストールする。

https://s.alc.jp/3dSKxS4

②boocoのホーム画面の「さがす」から商品コード「7023013」か「JLPTリアル模試 N2」で検索して、この本の音声をダウンロードする。

※boocoは、アプリ上で音声を再生できます。

日本語能力試験（JLPT）について

●日本語能力試験とは

　日本語能力試験は、日本語を母語としない人の日本語能力を測定する試験です。日本語力の測定に加え、就職、昇給・昇格、資格認定への活用など、受験の目的は多岐にわたります。

●N2試験問題の構成、基準点と合格点

　日本語能力試験N2の試験は「言語知識（文字・語彙・文法）・読解」と「聴解」の2科目で、得点区分は「言語知識（文字・語彙・文法）」「読解」「聴解」の三つに分かれています。総合得点90点（＝合格点）以上で合格ですが、得点区分ごとに合格に必要な点数（＝基準点）が設けられており、一つでも基準点に達していない場合は、総合得点がどんなに高くても不合格になるので注意が必要です。

	試験科目	時間	得点区分と基準点		合格基準
①	言語知識（文字・語彙・文法）	105分	①	19点	総合得点90点以上
	読解		②	19点	＆全区分基準点以上
②	聴解	50分	③	19点	

　詳しい試験内容の説明は、主催団体のホームページに掲載されています。試験を受ける前に確認しておきましょう。

日本語能力試験公式ウェブサイト：https://www.jlpt.jp

●N2認定の目安

　各レベルの認定の目安は【読む】【聞く】という言語行動で表されています。それぞれのレベルには、これらの言語行動を実現するための言語知識が必要です。N2認定の目安は以下のようになります。

> 　日常的な場面で使われる日本語の理解に加え、より幅広い場面で使われる日本語をある程度理解することができる
>
> 【読む】
> ・幅広い話題について書かれた新聞や雑誌の記事・解説、平易な評論など、論旨が明快な文章を読んで文章の内容を理解することができる。
> ・一般的な話題に関する読み物を読んで、話の流れや表現意図を理解することができる。
>
> 【聞く】
> ・日常的な場面に加えて幅広い場面で、自然に近いスピードの、まとまりのある会話やニュースを聞いて、話の流れや内容、登場人物の関係を理解したり、要旨を把握したりすることができる。

日本語能力試験公式ウェブサイトより　https://www.jlpt.jp/about/levelsummary.html

●N2大問のねらい

　各試験科目で出題する問題を、測ろうとしている能力ごとにまとめたものを「大問」と呼びます。各大問には、複数の小問が含まれます。N2レベルの各大問のねらいは以下の通りです。

N2試験科目 （試験時間）			大問	ねらい
				N2　問題の構成
言語知識 ・ 読解 （105分）	文字・語彙	1	漢字読み	漢字で書かれた語の読み方を問う
		2	表記	ひらがなで書かれた語が、漢字でどのように書かれるかを問う
		3	語形成	派生語や複合語の知識を問う
		4	文脈規定	文脈によって意味的に規定される語が何であるかを問う
		5	言い換え類義	出題される語や表現と意味的に近い語や表現を問う
		6	用法	出題語が文の中でどのように使われるのかを問う
	文法	7	文の文法1 （文法形式の判断）	文の内容に合った文法形式かどうかを判断することができるかを問う
		8	文の文法2 （文の組み立て）	統語的に正しく、かつ、意味が通る文を組み立てることができるかを問う
		9	文章の文法	文章の流れに合った文かどうかを判断することができるかを問う
	読解	10	内容理解（短文）	生活・仕事などいろいろな話題も含め、説明文や指示文など200字程度のテキストを読んで、内容が理解できるかを問う
		11	内容理解（中文）	比較的平易な内容の評論、解説、エッセイなど500字程度のテキスト読んで、因果関係や理由、概要や筆者の考え方などが理解できるかを問う
		12	統合理解	比較的平易な内容の複数のテキスト（合計600字程度）を読み比べ、比較・統合しながら理解できるかを問う
		13	主張理解（長文）	論理展開が比較的明快な評論など、900字程度のテキストを読んで、全体として伝えようとしている主張や意見がつかめるかを問う
		14	情報検索	広告、パンフレット、情報誌、ビジネス文書などの情報素材（700字程度）の中から必要な情報を探し出すことができるかを問う
聴解 （50分）		1	課題理解	まとまりのあるテキストを聞いて、内容が理解できるかどうかを問う（具体的な課題解決に必要な情報を聞き取り、次に何をするのが適当か理解できるかを問う）
		2	ポイント理解	まとまりのあるテキストを聞いて、内容が理解できるかどうかを問う（事前に示されている聞くべきことをふまえ、ポイントを絞って聞くことができるかを問う）
		3	概要理解	まとまりのあるテキストを聞いて、内容が理解できるかどうかを問う（テキスト全体から話者の意図や主張などが理解できるかを問う）
		4	即時応答	質問などの短い発話を聞いて、適切な応答が選択できるかを問う
		5	統合理解	長めのテキストを聞いて、複数の情報を比較・統合しながら、内容が理解できるかを問う

日本語能力試験公式ウェブサイトより　https://www.jlpt.jp/guideline/pdf/n2.pdf

The features of this book

❶Truly necessary information has been carefully selected based on a thorough analysis of test data

The author organization AJ Online Test Company Limited (hereinafter AOT) used its unique AI system to thoroughly analyze a huge amount of data over many years about Japanese Language Proficiency Test (JLPT) questions, carefully selected "real vocabulary, expressions, and grammar that actually appear in tests" from this data, and then created the questions.

❷AI was used to calculate 3 levels of difficulty

Question difficulty changes by the use of vocabulary and grammar, questioning methods, and various other elements. In addition to the Japanese language level, this book presents a difficulty level (out of 3 levels) for each question based on "the likelihood of an incorrect answer" after an AI analysis of the test results of Japanese language learners who took online practice tests administered by AOT. (Hereinafter, io JLPT. For details, see the right page.) (Reading comprehension questions present a difficulty level calculated for the whole passage according to the length of the passage, the proportion of kanji, and the level of the language used.)

Accordingly, a question that at a glance appears easy but has a high difficulty level is labeled as a "question that requires attention", so pay particular attention when answering or reviewing such a question.

Use it as a reference to determine your actual ability and issues.

❸You can take one online practice test for free (There are actually three tests together with this paper!)

In addition to this book's (2) practice tests, you can take one online practice test for free. You can use the tests when you want, such as to test your ability before starting to study or as a final check just before a test.

How to use this book

Remove the separate question sheet, and then cut out the answer sheet at the end of the question sheet.

How to effectively use practice tests

- Do not stop a practice test midway. Take the test in the same way as an actual test while measuring the time
- The objective of the first test is to "check the question formats, length of the exam time, and your current ability", and the objectives of the second test and online practice test are to "check how much you've improved since the last time". Do not take the two tests in one sitting. Take the tests after considering a schedule that aligns with your objectives.

Recommended schedule

❶Take the first practice test. Several months before the test
→ Find your weak points. Study while focusing on your weak points.

❷ Try the AOT online test. *Two months before the test*

→ Find out the results of your studying. If there are any sections in which you didn't score better, focus on them in your studying.

❸ Take the second practice test. *Two weeks before the test*

→ In the final stretch, master any questions you got wrong.

About the free online practice test

"io JLPT" is a practice test system for the Japanese Language Proficiency Test administered by AOT. Users of this book can take one online practice test for free using a smart phone or personal computer.

For details on how to take the test, refer to the information page below.

※To take the online practice test, the following ID and Password are needed.

ID: alcn2moshi
PW: N2alcjrpt
https://onlinejlpt.com/iotutor/realmoshi

Downloading the listening comprehension test audio

You can download the audio for this book's listening comprehension test for free by using a personal computer or smart phone.

🖥 Using a PC

① Access the ALC Download Center. (**https://portal-dlc.alc.co.jp**)

② Search using PC code "7023013" or "JLPTリアル模試 N2", and then download the audio file of this book (compressed in zip format).

📱 Using a smart phone or tablet

① Install the free app "booco".

https://s.alc.jp/3dSKxS4

② On the home screen of the booco app, from "さがす", search using product code "7023013" or "JLPTリアル模試 N2", and then download the audio of this book.

※The booco app can play the audio.

About the Japanese Language Proficiency Test (JLPT)

● Japanese Language Proficiency Test

The Japanese Language Proficiency Test evaluates the Japanese language ability of people whose native language is not Japanese. In addition to evaluating Japanese language ability, the test has a wide range of objectives, including use in employment, pay raises, promotions, and qualification certification.

●N2 test question composition, sectional pass marks, and passing mark

The Japanese Language Proficiency Test Level N2 has two subjects: "Language knowledge (characters, vocabulary, and grammar)/Reading comprehension" and "Listening comprehension". However, scoring is divided into three sections: "Language knowledge (characters, vocabulary, and grammar)", "Reading comprehension", and "Listening comprehension". Each scoring section has a "sectional pass mark". In order to pass, you need to score the sectional pass mark or higher in each scoring section, as well as score 90 points or higher in total.

	Test subject	Time	Scoring sections and sectional pass marks		Pass criteria
①	Language knowledge (Characters/vocabulary/ Grammar)	105 minutes	①	19 points	Total of 90 points or higher & sectional pass mark or higher in each section
	Reading comprehension		②	19 points	
②	Listening comprehension	50 minutes	③	19 points	

A detailed explanation of test content is listed on the website of the organizer. Check this information before taking a test.

The Official Worldwide JLPT Website: https://www.jlpt.jp

●Standards for N2 certification

The standards for certification of each level are represented by the language behaviors of "reading" and "listening". The language knowledge to realize these language behaviors is needed for each level. The following section lists the standards for N2 certification.

Able to understand to some extent Japanese language used in a wider range of situations, in addition to everyday situations.

"Reading"

- Able to read and understand the content of written material with a clear argument, such as newspaper and magazine articles and commentaries and simple critiques, on a wide range of topics.
- Able to read materials related to general topics and understand their flow and expressive intent.

"Listening"

- Able to listen to coherent conversations and news reports at near natural speed, understand their flow, content, and character relationships, and grasp the essential points in a wide range of situations, in addition to everyday situations.

From the official Worldwide JLPT Website: https://www.jlpt.jp/about/levelsummary.html

● The aim of N2 major questions

Questions that aggregate the questions that appear in each test subject for each ability to be evaluated are called "major questions". Each major question is made up of multiple minor questions. The following section lists the aims of each major question of the N2 level.

N2 test subjects (Test time)			N2 question composition	
			Major question	Aim
Language knowledge/ Reading comprehension (105 minutes)	Characters/Vocabulary	1	Kanji reading	Test reading of words written in kanji
		2	Orthography	Test how to write words written in hiragana in kanji
		3	Word formation	Test knowledge of derivative words and compound words
		4	Contextually defined expressions	Test words whose meaning is defined by context
		5	Paraphrases	Test words and expressions with similar meaning
		6	Usage	Test usage of words in sentences
	Grammar	7	Sentence grammar 1 (Selecting grammatical form)	Test judgement whether the grammatical form matches the sentence content
		8	Sentence grammar 2 (Sentence composition)	Test construction of syntactically correct and meaningful sentences
		9	Text grammar	Test judgment whether a sentence matches the flow of a passage
	Reading comprehension	10	Comprehension (short passages)	Test reading and understanding of texts of approximately 200 characters, such as explanatory notes and instructions, including various topics such as life and work
		11	Comprehension (mid-sized passages)	Test reading of texts of about 500 characters, such as critiques, commentaries, and essays on comparatively simple topics, and understanding of causal relationships, motives, synopses, and the author's way of thinking
		12	Integrated comprehension	Test reading and comparison of multiple texts on comparatively simple topics (total of about 600 characters) and understanding while comparing and integrating
		13	Thematic comprehension (long passages)	Test reading of texts of approximately 900 characters, such as critiques with relatively clear logical development, and the ability to grasp overall intended points and ideas
		14	Information retrieval	Test ability to retrieve necessary information from materials such as advertisements, brochures, magazines, and business documents (approximately 700 characters)
Listening comprehension (50 minutes)		1	Task-based comprehension	Test understanding of contents while listening to coherent texts (test ability to comprehend information to resolve specific issues and understand appropriate action to take)
		2	Comprehension of key points	Test understanding of contents while listening to coherent texts (test ability to narrow down points based on things to listen for presented in advance)
		3	Comprehension of general outline	Test understanding of contents while listening to coherent texts (test understanding of speaker's intention and ideas from overall text)
		4	Quick response	Test ability to select appropriate responses while listening to short utterances such as questions
		5	Integrated comprehension	Test understanding of contents through comparison and integration of multiple information sources while listening to relatively long text

From the official Worldwide JLPT Website: https://www.jlpt.jp/guideline/pdf/n2.pdf

이 책의 특장점

❶ 철저한 시험 데이터 분석을 통해 정말로 필요한 지식만을 엄선

주식회사 AJ Online Test (이하, AOT)가 독자 개발한 AI 시스템을 통해 장기간에 걸쳐 일본어능력시험(JLPT) 문제를 철저하게 분석하여 "실제로 시험에 나올 수 있는 리얼한 어휘와 표현 그리고 문법"을 엄선하여 제작하였습니다.

❷ AI를 이용한 3단계 난이도 산출

문제의 난이도는 어휘나 문법 용례, 질문 방법 등 다양한 요소에 의해 결정됩니다. 이 책은 각 문제의 일본어 자체의 난이도뿐만 아니라 AOT가 운영하고 있는 온라인 모의고사(이하, io JLPT. 자세한 내용은 오른쪽 페이지 참조)를 응시한 일본어 학습자의 응시 결과를 AI를 통해 종합적으로 분석하여, 더욱 "리얼한 난이도"(3단계)를 제시합니다. (독해 문제는 문장의 길이나 한자의 비율, 사용된 단어의 레벨에 따라 종합적으로 산출된 난이도를 제시)

따라서, 언뜻 보기에 간단해 보이지만 난이도가 높은 문제는 특히 "주의해야 할 문제"이기 때문에 문제를 풀 때에도 복습할 때에도 주의를 기울일 필요가 있습니다. 이는 스스로의 실력과 앞으로의 학습 방향 진단에 참고가 될 수 있을 것입니다.

❸ 온라인 JLPT 모의고사 1회 무료 응시 (이 책 포함 합계 3회분의 모의고사!)

이 책의 모의고사(2회분)에 더해, 온라인 JLPT 모의고사를 1회 무료로 응시할 수 있습니다. 공부를 시작하기 전 실력진단이나, 시험 직전 최종 체크 등, 여러분이 원하는 타이밍에 온라인 JLPT 모의고사를 활용해 주세요.

이 책의 사용법

별책의 문제용지 맨 뒷장에 있는 해답용지를 잘라내어 사용해 주세요.

효과적인 모의시험을 위한 포인트

· 모의고사는 도중에 멈추지 말고 시간을 재면서 실제 시험과 동일한 조건에서 응시해 주세요.
· 제1회 시험의 목적은 "문제 형식, 시험 시간 파악 및 현 시점에서의 실력 확인"입니다. 그리고 제2회와 온라인 시험의 목적은 "전 회보다 얼마나 실력이 향상되었는가에 대한 확인"입니다. 따라서 2회분 시험을 한 번에 푸는 것이 아니라, 목적에 맞게 스케줄을 고려하면서 풀어주세요.

추천 스케줄

❶ 제1회 모의고사 응시 〔본 시험 응시 수개월 전〕
→ 자신의 약점 분야 확인하고, 그 분야를 중심적으로 학습합니다.

❷ AOT 온라인 모의고사 응시 〔시험 2개월 전〕
→ 지금까지의 학습 성과를 확인하고 점수가 향상되지 않는 분야가 있다면 중점적으로 학습합니다.

❸ 제2회 모의시험 응시 시험 2주 전

→ 틀린 문제는 막판 스퍼트를 위해 착실하게 자신의 것으로 만들어 둡니다.

온라인 무료 모의고사 안내

「io JLPT」는 AOT가 제공하고 있는 모의 일본어능력시험 온라인 테스트 시스템입니다. 이 책을 구입하시는 분은 핸드폰이나 PC를 통해 1회 분의 온라인 모의고사를 무료로 응시하실 수 있습니다.

구체적인 이용방법은 다음의 페이지를 참고해 주세요.

※온라인 모의 시험을 응시하려면 다음의 아이디와 비밀번호가 필요합니다.

아이디: alcn2moshi
비밀번호: N2alcjrpt
https://onlinejlpt.com/iotutor/realmoshi

청해시험 듣기평가 파일 다운로드 안내

이 책의 청해 시험의 듣기평가 파일은 컴퓨터나 스마트폰을 통해 무료로 다운로드 할 수 있습니다.

🖥 PC 이용시

① 아르크의 다운로드 센터에 접속합니다.
   https://portal-dlc.alc.co.jp
② PC 코드 「7023013」 혹은 「JLPT リアル模試 N2」로 검색하여 이 책의 음성 파일(zip 형식으로 압축)을 다운로드 합니다.

📱 스마트폰 / 태블릿 이용시

① 무료 앱 「booco」을 인스톨 합니다.

https://s.alc.jp/3dSKxS4

② booco 홈페이지 화면의 「さがす」에서 상품코드 「7023013」 혹은 「JLPT リアル 模試 N2」로 검색하여 이 책의 청취 파일을 다운로드합니다.

※ booco 앱 상에서 청취파일을 재생할 수 있습니다.

일본어능력시험(JLPT) 안내

●일본어능력시험이란

일본어능력시험은 일본어를 모국어로 하지 않는 사람의 일본어능력을 측정하기 위한 시험입니다. 그리고 일본어능력 뿐만 아니라, 취업, 승진, 자격인정 등에 활용할 수 있는 등, 수험생들의 응시 목적은 다양합니다.

●N2시험문제의 구성, 과락과 합격점

일본어능력시험 N2는 "언어지식(문자·어휘·문법)·독해"와 "청해", 두 파트로 구성되어 있습니다. 그러나 점수 구분은 "언어지식(문자·어휘·문법)", "독해", "청해" 세 파트로 나뉩니다. 각 파트에는 "과락 점수"가 있으며, 합격하기 위해서는 합계 점수가 90점을 넘어야 하며, 각 파트도 모두 "과락 점수"를 넘어야 합니다.

	시험 과목	시간	파트 별 과락 점수		합격 기준
①	언어지식 (문자·어휘·문법)	105분	①	19점	종합 점수 90점 이상 &전 파트 과락점수 이상
	독해		②	19점	
②	청해	50분	③	19점	

상세한 시험내용에 대한 설명은 주관사 홈페이지에 게재되어 있습니다. 시험에 응시하기 전에 확인해 두시기 바랍니다.

일본어능력시험 주관사 홈페이지 : **https://www.jlpt.jp**

●N2 인정 기준

각 레벨의 인정 기준은 언어행동 중 【읽기】【듣기】를 기준으로 합니다. 각 레벨에는 이들 언어행동을 위한 언어지식이 필요합니다. 구체적인 N2 인정 기준은 다음과 같습니다.

> 일상적인 상황에서 사용되는 일본어를 이해하고, 보다 폭 넓은 상황에서 사용되는 일본어를 어느 정도 이해할 수 있다.
>
> 【읽기】
> · 폭넓은 화제를 다룬 신문이나 잡지의 기사·해설, 평이한 평론 등, 논지가 명쾌한 문장을 읽고 내용을 이해할 수 있다.
> · 일반적인 화제의 읽을 거리를 읽고 이야기의 흐름이나 표현의도를 이해할 수 있다.
>
> 【듣기】
> · 일상적인 장면 뿐 만 아니라 폭 넓은 상황에서 자연스러운 속도로 진행되는 일관성 있는 내용의 회화나 뉴스를 듣고 이야기의 흐름이나 내용, 등장인물의 관계를 이해하거나 요지를 파악하거나 할 수 있다.

일본어능력시험 공식 웹사이트지 발췌 : https://www.jlpt.jp/about/levelsummary.html

●N2의 문제 유형 및 취지

측정하고자 하는 능력별로 각 시험과목에 출제되는 문제를 분류한 것을 문제 유형이라고 합니다. 각 문제 유형에는 다수의 문제가 포함되며, N2레벨의 각 유형 별 취지는 다음과 같습니다.

N2 시험과목 (시험시간)			N2 문제 구성	
			문제 유형	취지
언어지식 · 독해 (105분)	문 자 · 어 휘	1	한자 읽기	한자로 쓰여진 어휘의 읽는 방법을 묻는 유형
		2	표기	히라가나로 쓰여진 어휘의 올바른 한자표기를 묻는 유형
		3	어형성	파생어나 복합어 지식을 묻는 유형
		4	문맥 규정	문맥에 맞는 적절한 어휘를 고르는 유형
		5	유의 표현	주어진 어휘나 표현과 비슷한 의미의 어휘나 표현을 찾는 유형
		6	용법	제시된 어휘가 올바르게 쓰였는가를 묻는 유형
	문 법	7	문법1 (문법 형식 판단)	문장의 내용에 맞는 문법 형식인지 아닌지를 판단할 수 있는가를 묻는 유형
		8	문법2 (문장 배열)	통어적으로 적절하고 의미가 통하는 문장으로 올바르게 배열할 수 있는 지를 묻는 유행
		9	문법3 (문장 흐름)	글의 흐름에 맞는 문장인지 아닌지를 판단할 수 있는가를 묻는 유형
	독 해	10	내용 이해 (단문)	일상생활의 다양한 화제의 설명문이나 지시문 등 200자 정도의 지문을 읽고 그 내용을 이해할 수 있는지를 묻는 유형
		11	내용 이해 (중문)	비교적 평이한 내용의 평론, 해설, 에세이 등 500자 정도의 지문을 읽고 인과관계나 이유, 개요나 필자의 생각 등을 이해할 수 있는지를 묻는 유형
		12	통합 이해	비교적 평이한 내용의 두 지문(합계 600자 정도)을 비교하며 읽은 후 그 내용을 비교·통합하여 이해할 수 있는지를 묻는 유형
		13	주장 이해 (장문)	논리전개가 비교적 명쾌한 논문 등, 900자 정도의 지문을 읽고, 필자가 전달하고자 하는 주장이나 의견을 찾을 수 있는지를 묻는 유형
		14	정보 검색	광고, 팜플렛, 정보 잡지, 비즈니스 문서 등 정보를 담고 있는 700자 정도의 지문에서 필요한 정보를 찾아내는 것이 가능한지를 묻는 유형
청 해 (50분)		1	과제 이해	논지가 명확한 대화를 듣고 내용을 이해할 수 있는지를 묻는 유형 (구체적인 문제 해결에 필요한 정보를 파악하고 이어서 무엇을 해야 좋은지를 이해할 수 있는지를 묻는 유형)
		2	포인트 이해	논지가 명확한 대화를 듣고 내용을 이해할 수 있는지를 묻는 유형 (먼저 제시되는 반드시 들어야만 하는 내용을 바탕으로 포인트를 파악하면서 듣는 것이 가능한지를 묻는 유형)
		3	개요 이해	논지가 명확한 대화를 듣고, 내용을 이해할 수 있는지를 묻는 유형 (대화 전체에서 화자의 의도나 주장 등을 이해할 수 있는지를 묻는 유형)
		4	즉시 응답	질문 등의 짧은 대화를 듣고, 적절한 대응을 선택할 수 있는가를 묻는 유형
		5	통합 이해	다소 긴 내용을 듣고 복수의 정보를 비교 및 통합하면서 내용을 이해할 수 있는가를 묻는 유형

일본어능력시험 공식 웹사이트 발췌 : https://www.jlpt.jp/guideline/pdf/n2.pdf

本书特点

❶彻底分析测试数据，精选真正必要的知识

作者团体的 AJ Online Test 株式会社（以下简称"AOT"）多年来利用独有的 AI 系统对日本语能力测试（JLPT）的考题进行分析，从庞大的数据中精选出"实际测试中会出现的词汇、表达和语法的真题"，编写了试题。

❷利用 AI 技术，计算出 3 个等级的难度

根据词汇、语法的使用方法、提问方式等各种因素，问题的难度会发生变化。本书中利用 AI 技术对参加引入日语等级的 AOT 线上模拟测试（以下简称"io JLPT"。详情参阅右页）的日语学习者的测试结果进行分析，以"真实的易出错点"为标准，提出各问题的难度（3 个等级）。（根据文章的长度、汉字的比例、使用词语的水平，显示综合计算出阅读问题的文章难度）

因此，乍一看很简单而其实难度很高的问题属于"应注意的问题"，答题时和复习时都需要充分注意。

请用作认清自身实力和课题的参考。

❸可以免费参加 1 次线上模拟测试（加上本书，实质上一共参加 3 次！）

除了本书的模拟测试（2 次）外，还可以免费参加 1 次线上模拟测试。可以根据自身需要，在任意时间点参加测试，如作为开始学习前的摸底测试或临考前的最终测试等。

本书的使用方法

拆下另附的试卷，剪下试卷最后的答题纸后使用。

有效利用模拟测试的要点

· 建议模拟测试过程中不要中断，采用与正式测试相同的形式计时进行。
· 第 1 次测试的目的是"确认问题形式、测试时间长度、当时的实力情况"，第 2 次测试和线上模拟测试的目的是"确认实力较上一次提升了多少"。建议不要一次性做完 2 次测试，应根据目的按照时间计划进行测试。

建议时间计划

❶进行第 1 次模拟测试。 正式测试的数月前
　→找出自身的短板内容。主要学习短板内容。

❷挑战 AOT 线上模拟测试。 正式测试的 2 个月前
　→检验学习成果。如果有得分未能提高的部分，建议重点学习。

❸进行第 2 次模拟测试。 正式测试的 2 周前
　→对于答错的问题，建议在最后冲刺阶段要切实掌握。

关于免费参加线上模拟测试

　"io　JLPT" 是 AOT 提供的日本语能力测试的模拟测试系统。本书的读者可以使用智能手机或电脑免费参加 1 次线上模拟测试。

　详细的使用方法请参阅以下说明页。

※ 参加线上模拟测试，需要使用以下 ID 和密码。

ID：alcn2moshi

密码：N2alcjrpt

https://onlinejlpt.com/iotutor/realmoshi

关于听力测试音频下载

　本书听力测试的语音可以免费下载到电脑或智能手机上。

💻　使用 PC 时

①访问 Alc 的下载中心。

　https://portal-dlc.alc.co.jp

②使用 PC 代码 "7023013" 或 "JLPT リアル模試　N2" 搜索，下载本书的音频文件（zip 压缩包）。

📱　使用智能手机 ／ 平板电脑时

①安装免费 APP "booco"。

https://s.alc.jp/3dSKxS4

②在 booco 主页面的 "さがす" 中使用商品代码 "7023013" 或

　"JLPT リアル模試　N2" 搜索，下载本书的音频。

※ booco 可以在 APP 上播放音频。

关于日本语能力测试（JLPT）

●什么是日本语能力测试

日本语能力测试是以母语非日语学习者为对象，进行日语能力认定的测试。除了日语能力认定外，测试目的还包括就业、升职加薪、资质认定等多个范围。

●N2测试问题的构成、标准分和及格分

日本语能力测试N2的测试科目包括"语言知识（文字、词汇、语法）、阅读"和"听力"2个科目。但得分分类分为"语言知识（文字、词汇、语法）"、"阅读"、"听力"3个科目。各得分分类设有"标准分"，要达到及格，需要综合得分满90分，且各单项得分超过标准分。

测试科目		时间	得分分类与标准分		及格标准
①	语言知识（文字、词汇、语法）	105分钟	①	19分	综合得分满90分 &所有单项得分达到标准分
	阅读		②	19分	
②	听力	50分钟	③	19分	

测试内容的详细说明刊载在主办团体的主页上。建议测试前浏览相关内容。

日本语能力测试官方网站：https://www.jlpt.jp

●N2评定标准

各等级的评定标准以【读】【听】的语言行为表示。各等级分别需要一定的语言知识，以实现这些语言行为。N2评定标准如下。

> 除了对日常场合下使用日语的理解外，还能够一定程度上理解在更广泛场合下使用的日语。
>
> 【读】
> ・阅读就广泛话题编写的报纸和杂志的报道及解说、浅显易懂的评论等论点明确的文章，能够理解文章内容。
> ・阅读一般话题相关的读物，能够理解对话的脉络和表达意图。
>
> 【听】
> ・收听日常场合以及更加广泛的场合下接近自然语速、内容完整的会话和新闻，能够理解对话的脉络和内容、出场人物的关系，并把握要点。

摘自日本语能力测试官方网站：https://www.jlpt.jp/about/levelsummary.html

●N2 大问题的考察点

各测试科目中按照准备评定的能力对问题进行汇总，汇总的问题叫做"大问题"。各项大问题中设有多个小问题。N2等级各项大问题的考察点如下。

N2 测试科目（测试时间）			N2 问题构成	
			大问题	考察点
语言知识、阅读（105分钟）	文字、词汇	1	汉字读音	考察汉字词语的读音
		2	书写	考察平假名词语的汉字写法
		3	组词	考察派生词和复合词的知识
		4	语境规则	考察根据上下文语义规定的词语
		5	改换同义词	考察与题目中的词语及表达意思相近的词语及表达
		6	用法	考察词语在句子中如何使用
	文法	7	句子语法 1（语法形式的判断）	考察判断语法形式是否符合句子内容的能力
		8	句子语法 2（句子结构）	考察能否组成句法正确且意思成立的句子
		9	文章语法	考察判断句子是否符合文章脉络的能力
	阅读	10	内容理解（短篇文章）	阅读包括生活、工作等各种话题在内的说明文、指示文等200字左右的文本，考察能否理解内容
		11	内容理解（中篇文章）	阅读内容较为浅显易懂的评论、解说、随笔等500字左右的文本，考察能否理解因果关系和事件缘由、文章概要和作者思路等
		12	综合理解	对比阅读内容较为浅显易懂的多篇文本（合计600字左右），考察在对比、归纳的同时能否理解内容
		13	主张理解（长篇文章）	阅读逻辑展开比较明确的评论等900字左右的文本，考察能否完全理解文章整体想要表达的主张和意见
		14	信息检索	考察能否从广告、宣传册、资讯刊物、商业文章等信息素材（700字左右）中找出必要信息
听 力（50分钟）		1	课题理解	收听内容完整的文本，考察能否理解内容（考察能否听懂解决课题所需的具体信息，并理解下一步应该做什么）
		2	要点理解	收听内容完整的文本，考察能否理解内容（考察能否根据事先提示的需了解内容来集中听取要点）
		3	概要理解	收听内容完整的文本，考察能否理解内容（考察能否根据整篇文本理解说话人的意图和主张等）
		4	即时回答	考察听到提问等简短发言时能否选出正确回答
		5	综合理解	收听较长的文本，考察在对多项信息进行对比、归纳的同时能否理解内容

摘自日本语能力测试官方网站：https://www.jlpt.jp/guideline/pdf/n2.pdf

Đặc trưng của cuốn sách này

❶ Lựa chọn nghiêm ngặt những kiến thức thật sự cần thiết trên cơ sở phân tích triệt để dữ liệu các cuộc thi

Công ty cổ phần Thi Online AJ (dưới đây gọi là AOT), thuộc Hiệp hội tác giả, đã lựa chọn nghiêm ngặt ra "Các từ vựng, mẫu câu, ngữ pháp thực tế xuất hiện trong các kỳ thi" từ cơ sở dữ liệu khổng lồ đã được phân tích triệt để từ các đề thi Năng lực tiếng Nhật (JLPT) trong nhiều năm bằng AI riêng của Công ty, và xây dựng các đề thi.

❷ Sử dụng AI để tạo ra các câu hỏi với 3 cấp độ khó dễ

Độ khó của câu hỏi thay đổi tùy thuộc vào rất nhiều yếu tố khác nhau như cách sử dụng từ vựng, ngữ pháp, cách đặt câu hỏi. Cuốn sách này thì, bên cạnh cấp độ tiếng Nhật, còn dựa trên dữ liệu phân tích kết quả thi của các học viên đã dự kỳ thi mô phỏng online do AOT (dưới đây gọi là io JLPT, chi tiết mời tham khảo trang bên phải). vận hành, và dựa vào "mức độ dễ sai trên thực tế", để đưa ra mức độ khó dễ của mỗi đề bài (3 cấp độ). (Đề bài đọc hiểu thì thể hiện mức độ khó dễ đã được tính toán một cách tổng thể trong cả đoạn văn, dựa vào độ dài của đoạn văn, tỷ lệ chữ Hán, cấp độ từ được sử dụng).

Chính vì thế, ngay cả những đề bài dù nhìn thoạt qua có vẻ dễ, nhưng thực chất lại có độ khó cao thì sẽ là "bài cần chú ý", nên luôn cần lưu ý kể cả khi giải bài lần khi ôn bài.

Các bạn hãy tham khảo để hiểu rõ thực lực của mình và tìm ra bài tập phù hợp cho mình.

❸ Bạn có thể dự kỳ thi mô phỏng online miễn phí 1 lần nhé! (thực chất là bạn sẽ được dự thi 3 lần tất cả nếu gộp cả bài thi trong sách này!).

Cùng với kỳ thi mô phỏng trong cuốn sách này (2 lần), bạn sẽ được dự kỳ thi mô phỏng online miễn phí 1 lần nữa. Bạn có thể sử dụng những kỳ thi này vào thời điểm bạn muốn, dù đó là trước khi bước vào quá trình học tập để biết năng lực của mình, hay là ngay trước khi tham dự kỳ thi để tự xác nhận lại lần cuối.

Cách sử dụng cuốn sách này

Các bạn hãy tháo rời tập đề bài đính kèm, và hãy cắt rời tờ giấy điền đáp án ở cuối của tập đề bài đính kèm, rồi sau đó hãy sử dụng sách nhé!

Điểm quan trọng khi sử dụng kỳ thi mô phỏng một cách hiệu quả

• Bạn hãy vừa đo thời gian vừa làm bài thi mô phỏng đến cuối cùng, đừng bỏ cuộc giữa chừng, hãy làm bài y hệt như khi bạn làm bài thi thật.

• Mục đích của lần thi số 1 là để "xác nhận về hình thức đề bài, độ dài của kỳ thi, thực lực của bản thân tại thời điểm đó"; mục đích của lần thi số 2 và thi mô phỏng online là để "xác nhận xem hiện tại thực lực của mình đã nâng cao được bao nhiêu so với lần thi trước đó". Vì vậy bạn không nên làm một mạch cả 2 cuộc thi, mà hãy lên lịch làm 2 bài thi phù hợp với mục đích trên.

Lịch tác giả khuyến nghị

❶ Tiến hành làm bài thi mô phỏng lần 1. ⟨trước kỳ thi thật vài tháng⟩

→ Xác nhận lĩnh vực mình còn yếu. Xác nhận được rồi thì sau đó hãy học tập trung vào lĩnh vực mình còn yếu.

❷ Thử sức với kỳ thi mô phỏng online AOT ── trước kỳ thi thật 2 tháng

→ Xác nhận thành quả của quá trình học tập trước đó. Nếu có lĩnh vực nào mà điểm chưa tăng thì hãy tập trung vào đó để học nhiều hơn.

❸ Dự kỳ thi mô phỏng lần thứ 2. ── trước kỳ thi thật 2 tuần

→ Những bài mà mình làm sai, càng phải học quyết liệt ở những thời gian cuối để biến nó thành kiến thức của mình!

Về tham dự kỳ thi mô phỏng online:

"io JLPT" là một hệ thống thi mô phỏng kỳ thi Năng lực tiếng Nhật do AOT cung cấp. Những người sử dụng cuốn sách này được tham dự kỳ thi mô phỏng online 1 lần từ điện thoại thông minh hoặc máy vi tính.

Xin mời bạn hãy xác nhận tại trang hướng dẫn dưới đây để hiểu rõ phương pháp sử dụng cụ thể:
※ Khi sử dụng kỳ thi mô phỏng online, cần dùng ID và Password(mật khẩu) sau:

ID ： alcn2moshi
Password ： N2alcjrpt
https://onlinejlpt.com/iotutor/realmoshi

Về việc tải âm thanh cho bài thi nghe:

Âm thanh cho bài thi nghe của sách này có thể tải được miễn phí xuống máy vi tính và điện thoại thông minh.

🖥 Trường hợp sử dụng máy tính:

① Kết nối với trung tâm tải của ALC.
   https://portal-dlc.alc.co.jp
② Tìm kiếm với mã PC 「7023013」 hoặc 「JLPTリアル模試 N2」 để tải về máy File âm thanh của cuốn sách này (được nén bởi File zip).

📱 Trường hợp sử dụng điện thoại thông minh/ máy tính bảng:

① Cài ứng dụng miễn phí "booco".

https://s.alc.jp/3dSKxS4

② Bằng nút 「さがす」 hãy tìm kiếm từ booco trên màn hình trang chủ, dùng từ khóa để tìm kiếm là mã sản phẩm 「7023013」 hoặc 「JLPTリアル模試 N2」, để tải về âm thanh của cuốn sách này.
※ booco có thể giúp bật âm thanh trên ứng dụng.

Về Kỳ thi năng lực tiếng Nhật (JLPT)

● Kỳ thi năng lực tiếng Nhật là gì?

Kỳ thi năng lực tiếng Nhật là kỳ thi để đo lường năng lực tiếng Nhật của những người sử dụng tiếng Nhật không phải như tiếng mẹ đẻ. Ngoài mục đích đo lường năng lực tiếng Nhật, kỳ thi này còn có rất nhiều mục đích khác như sử dụng kết quả thi phục vụ cho hoạt động tìm kiếm việc làm, tăng lương - tăng chức, chứng nhận tư cách v.v…

● Cấu trúc của đề thi N2, điểm sàn và điểm đỗ N2

Trong kỳ thi Năng lực tiếng Nhật N2 có 2 môn là "Tri thức ngôn ngữ (chữ - từ vựng - ngữ pháp) - Đọc hiểu" và "Nghe hiểu". Nhưng khi chấm điểm thì sẽ phân ra làm 3 loại điểm thành phần là "Tri thức ngôn ngữ (chữ - từ vựng - ngữ pháp)"; "Nghe hiểu" và "Đọc hiểu". Đối với các điểm thành phần đều có "điểm sàn", và để đỗ được kỳ thi, ngoài việc phải đạt tổng điểm từ 90 điểm (điểm đỗ) trở lên, còn cần phải có các điểm thành phần đạt từ điểm sàn trở lên.

	Môn thi	Thời gian	Điểm từng môn và điểm sàn		Điểm đỗ
①	Tri thức ngôn ngữ (chữ - từ vựng - ngữ pháp)	105 phút	①	19 điểm	Tổng điểm phải đạt từ 90 điểm trở lên và tất cả các điểm thành phần phải đạt từ điểm sàn trở lên.
	Đọc hiểu		②	19 điểm	
②	Nghe hiểu	50 phút	③	19 điểm	

Trên Website của Hiệp hội tổ chức kỳ thi có đăng Nội dung giải thích chi tiết về kỳ thi. Các bạn hãy xác nhận trước khi dự thi nhé!

Website của kỳ thi Năng lực tiếng Nhật: **https://www.jlpt.jp**

● Tiêu chuẩn để chứng nhận N2

Tiêu chuẩn chứng nhận các cấp độ được thể hiện thông qua hành vi ngôn ngữ là "đọc" và "nghe". Ở từng cấp độ cần có tri thức ngôn ngữ để thực hiện được các hành vi ngôn ngữ trên. Tiêu chuẩn để chứng nhận N2 như sau:

Có thể hiểu được ở một mức độ nhất định tiếng Nhật được dùng trong nhiều bối cảnh khác nhau, bên cạnh việc hiểu tiếng Nhật được sử dụng trong các bối cảnh của cuộc sống hàng ngày.

【Đọc】

・ Có thể hiểu được nội dung của đoạn văn khi đọc các đoạn văn có ý nghĩa rõ ràng, chẳng hạn như các bài báo, bài đăng trên tạp chí, bài giải thích về nhiều chủ đề khác nhau.

・ Có thể hiểu được trình tự câu chuyện, ẩn ý của câu văn khi đọc những đoạn văn thông thường

【Nghe】

・ Có thể hiểu được một cách cụ thể trình tự và nội dung câu chuyện, mối quan hệ giữa các nhân vật, và nắm bắt được ý chính của câu chuyện khi nghe các đoạn hội thoại hay bản tin có đủ nghĩa được nói với tốc độ gần với tốc độ tự nhiên, về nhiều bối cảnh khác nhau, bên cạnh các bối cảnh trong cuộc sống hàng ngày.

Trích từ Website của kỳ thi Năng lực tiếng Nhật: https://www.jlpt.jp/about/levelsummary.html

● Mục đích tập hợp câu hỏi của N2

Người ta gọi những các câu hỏi xuất hiện trong các môn thi nhằm đo lường từng năng lực cụ thể là "tập hợp câu hỏi". Trong mỗi tập hợp câu hỏi đều có rất nhiều câu hỏi nhỏ. Mục đích của các tập hợp câu hỏi trong N2 là như sau:

Các môn thi của N2 (thời gian thi)			Cấu trúc câu hỏi của N2	
			Câu hỏi chính	Mục đích
Tri thức ngôn ngữ - Đọc hiểu (105 phút)	Chữ · Từ vựng	1	Đọc chữ Hán	Hỏi về cách đọc của các từ được viết bằng chữ Hán.
		2	Cách viết	Hỏi xem những chữ được viết bằng Hiragana thì cần được viết như thế nào trong chữ Hán.
		3	Sự hình thành của từ ngữ	Hỏi về kiến thức liên quan đến từ phái sinh và từ phức hợp
		4	Ngữ nghĩa theo mạch văn	Hỏi về từ ngữ có nghĩa theo mạch văn là gì?
		5	Các cách nói khác	Hỏi về từ và mẫu câu có ý nghĩa gần/ giống với từ và câu được nêu trong bài.
		6	Cách sử dụng	Hỏi về cách sử dụng trong câu của từ được nêu trong bài.
	Ngữ pháp	7	Ngữ pháp 1 trong câu (đánh giá hình thức ngữ pháp)	Hỏi xem thí sinh có đánh giá được hình thức ngữ pháp đã phù hợp với nội dung của văn bản hay chưa?
		8	Ngữ pháp 2 trong câu (cấu trúc câu)	Hỏi xem thí sinh có thể tạo ra câu đúng về cấu trúc ngữ pháp và sáng nghĩa hay không.
		9	Ngữ pháp của đoạn văn	Hỏi xem thí sinh có thể đánh giá rằng câu văn đã hợp với trật tự của đoạn văn chưa?
	Đọc hiểu	10	Hiểu nội dung (đoạn văn ngắn)	Cho thí sinh đọc đoạn văn về những chủ đề khác nhau, từ cuộc sống đến công việc, với những câu giải thích và câu chỉ thị, khoảng 200 từ, và kiểm tra xem thí sinh có hiểu được nội dung hay không.
		11	Hiểu nội dung (đoạn văn trung bình)	Cho thí sinh đọc đoạn văn khoảng 500 từ chủ đề bình luận, giải thích, hoặc bài luận; và kiểm tra xem thí sinh có hiểu được mối quan hệ nhân quả và lý do, ý chính của bài và quan điểm của tác giả hay không.
		12	Hiểu tổng thể	Cho thí sinh đọc và so sánh nhiều đoạn văn (tổng cộng khoảng 600 chữ), rồi kiểm tra xem thí sinh có thể so sánh, tổng hợp và hiểu được nội dung không.
		13	Hiểu quan điểm (đoạn văn dài)	Cho thí sinh đọc đoạn văn dài khoảng 900 từ có cách trình bày tương đối logic rõ ràng...và hỏi xem thí sinh có hiểu được quan điểm và ý kiến mà tác giả muốn truyền tải hay không.
		14	Tìm kiếm thông tin	Kiểm tra xem thí sinh có thể tìm kiếm được thông tin cần thiết từ các nguồn thông tin (lượng từ khoảng 700 từ) bao gồm quảng cáo, tờ rơi, tạp chí, văn bản trong kinh doanh hay không v.v...
Nghe hiểu (50 phút)		1	Hiểu vấn đề	Cho thí sinh nghe 1 đoạn có đủ nghĩa và kiểm tra xem có hiểu được nội dung không (thí sinh cần nghe để hiểu thông tin cần thiết để giải quyết vấn đề, sau đó hỏi xem thí sinh rằng làm gì là thích hợp).
		2	Hiểu ý chính	Cho thí sinh nghe 1 đoạn có đủ nghĩa, và kiểm tra xem thí sinh có hiểu nội dung hay không (thí sinh cần nghe trước một số thông tin cần thiết, sau đó kiểm tra xem thí sinh có thể nghe ra được ý chính hay không?).
		3	Hiểu đại ý	Cho thí sinh nghe 1 đoạn có đủ nghĩa, và kiểm tra xem thí sinh có hiểu nội dung hay không (hỏi xem thí sinh có hiểu được ý đồ, quan điểm của người nói sau khi nghe hết toàn bộ đoạn âm thanh không).
		4	Trả lời câu hỏi tức thì	Cho thí sinh nghe những câu hỏi ngắn, và hỏi xem thí sinh có lựa chọn được câu trả lời phù hợp nhất hay không.
		5	Hiểu tổng thể	Cho thí sinh nghe đoạn văn tương đối dài, để thí sinh vừa so sánh, tổng hợp nhiều thông tin, và kiểm tra xem thí sinh có hiểu được nội dung không?

Trích từ Website của kỳ thi Năng lực tiếng Nhật: https://www.jlpt.jp/guideline/pdf/n2.pdf

第1回

だい かい

こ た
答え

&

ちょうかい
聴解
スクリプト

だい かい こ た

答え

言語知識（文字・語彙・文法）・読解
げんごちしき もじ ごい ぶんぽう どっかい

問題1 → P.03

1	2	3	4	5
4	2	3	3	4

問題2 → P.04

6	7	8	9	10
3	4	1	3	3

問題3 → P.05

11	12	13	14	15
4	2	3	3	2

問題4 → P.06

16	17	18	19	20	21	22
2	4	1	3	3	2	1

問題5 → P.07

23	24	25	26	27
4	2	2	3	4

問題6 → P.08

28	29	30	31	32
2	4	4	4	2

問題7 → P.10

33	34	35	36	37	38	39	40	41	42
4	2	1	1	4	3	2	4	2	1

43	44
3	3

問題8 → P.12

45	46	47	48	49
3	2	1	4	1

問題9 → P.14

50	51	52	53	54
1	3	4	2	1

問題10 → P.16

55	56	57	58	59
4	4	2	4	3

問題11
→ P.22

60	61	62	63	64	65	66	67	68
2	3	3	1	3	2	1	4	2

問題12
→ P.28

69	70
4	2

問題13
→ P.30

71	72	73
4	2	1

問題14
→ P.32

74	75
4	4

<ruby>聴解<rt>ちょうかい</rt></ruby>

問題1
→ P.37

例	1	2	3	4	5
3	2	2	3	1	2

問題2
→ P.41

例	1	2	3	4	5	6
2	2	3	3	3	3	2

問題3
→ P.45

例	1	2	3	4	5
1	2	1	4	3	1

問題4
→ P.46

例	1	2	3	4	5	6	7	8	9
1	2	1	2	1	2	2	3	2	2

10	11	12
3	2	3

問題5
→ P.47

1	2	3(1)	3(2)
3	3	4	2

模擬試験 採点表

模擬試験の結果を書いて、点数を計算してみましょう。

※ JLPT N2に合格するためには、下の採点表の❹、❺、❻それぞれが19点以上、総合得点が90点以上必要です。

第1回

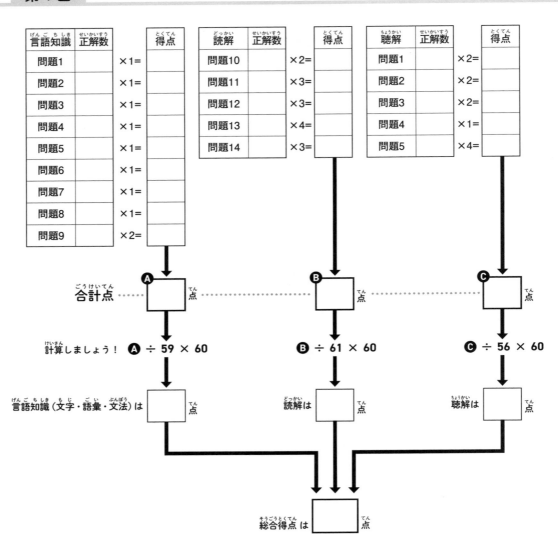

言語知識	正解数		得点
問題1		×1=	
問題2		×1=	
問題3		×1=	
問題4		×1=	
問題5		×1=	
問題6		×1=	
問題7		×1=	
問題8		×1=	
問題9		×2=	

読解	正解数		得点
問題10		×2=	
問題11		×3=	
問題12		×3=	
問題13		×4=	
問題14		×3=	

聴解	正解数		得点
問題1		×2=	
問題2		×2=	
問題3		×2=	
問題4		×1=	
問題5		×4=	

合計点 ❹ □ 点   ❺ □ 点   ❻ □ 点

計算しましょう！ ❹ ÷ 59 × 60   ❺ ÷ 61 × 60   ❻ ÷ 56 × 60

言語知識（文字・語彙・文法）は □ 点   読解は □ 点   聴解は □ 点

総合得点 は □ 点

※この採点表の配点は、「JLPT リアル模試」独自のものです。

第 1 回 聴解スクリプト

ちょうかい

通し聞き用音声 🎧 MP3 N2-1-43

（M：男性　F：女性）

問題1

例　🎧 MP3 N2-1-02

答え：**3**

だいがく おとこ がくせい じむ ひと はな　　　　　　　　　　　がくせい　　あと
大学で男の学生と事務の人が話しています。学生はこの後どうしますか。

M：すみません。インターネットで授業の履修登録をしたんですが、うまく表示されな
　　　　　　　　　　　　じゅぎょう　りしゅうとうろく　　　　　　　　　　　ひょうじ
　くて。エラー画面が何度も出るんです。
　　　　がめん なんど で

F：ああ、そうなんですね。そういう場合は情報センターで聞いていただいていいですか。
　　　　　　　　　　　　　　　ばあい じょうほう　　き

M：ここじゃないんですか。あのー、じゃあ、登録した授業を削除するのも情報センター
　　　　　　　　　　　　　　　　　　　とうろく じゅぎょう さくじょ　　　じょうほう
　ですか。

F：それは科目によりますね。何の授業ですか。
　　　　かもく　　　　　　なん じゅぎょう

M：建築学概論なんですけど。
　　けんちくがくがいろん

F：えっと、それはこちらで処理する科目なので、変更願を出してください。用紙はこち
　　　　　　　　　　　しょり かもく　　　　へんこうねがい だ　　　　　ようし
　らです。後でエラーが直ったら、インターネットで登録画面から削除されているか、
　　　　あと　　　　なお　　　　　　　　　　　　とうろく がめん　さくじょ
　必ず確認をしてくださいね。
　かなら かくにん

M：分かりました。
　　わ

がくせい　　　あと
学生はこの後どうしますか。

・・・

1番　🎧 MP3 N2-1-03

答え：**2**

かいしゃ おとこ ひと おんな ひと はな　　　　　　おんな ひと　　あと　なに
会社で男の人と女の人が話しています。女の人はこの後まず何をしますか。

M：山田さん、今、何の仕事をしているのかな？
　　やまだ　　いま なん しごと

F：明日の会議で使う資料をまとめていました。課長、どうかされましたか。
　　あす かいぎ つか しりょう　　　　　　　かちょう

M：実は田中さんが体調不良で早退しちゃってね。悪いんだけど、田中さんの作業の続
　　じつ たなか　　　たいちょうふりょう そうたい　　　　　わる　　　　　　たなか　　　さぎょう つづ
　きをやってもらいたいんだ。

F：そうですか。でも、今作成している資料、今日中に終わらせないといけないんですが。
　　　　　　　　　　いまさくせい　　　しりょう きょうじゅう お

M：それは僕から会議の担当者に言っておくから心配しないで。発注書は送ったことある
　　　　ぼく かいぎ たんとうしゃ い　　　　　　しんぱい　　　はっちゅうしょ おく
　よね？　マルイ商事に発注した分に不備があってね、発注書を修正してメールで
　　　　　しょうじ はっちゅう ぶん ふび　　　　　はっちゅうしょ しゅうせい
　送ってもらいたいんだ。
　おく

F：承知しました。田中さんが途中まで作業されたんですよね？
　　しょうち　　　たなか　　　とちゅう　　さぎょう

M：そうそう。共有フォルダーにファイルを保存しているらしいから、確認頼むよ。最近フォルダーの整理をしてないから、ごちゃごちゃしてるけど。分からなかったらまた聞いてよ。

F：はい。フォルダーの整理も時間が空いたらやっておきますね。

女の人はこの後まず何をしますか。

....

2番 🎧 MP3 N2-1-04 　　　　　　　　　　　[答え：2]

フリーマーケット会場で女の人と男の人が話しています。男の人はこの後まず何をしますか。

F：朝早くから手伝いに来てくれてありがとう。フリーマーケットにお店を出すのは初めてだから、一人じゃ不安だったの。

M：手伝いを頼まれた時から、楽しみにしてたよ。それに僕、いろんな人と話すのも好きだし。有希さんが作ったアクセサリー、たくさん売れるといいね。

F：今日のためにいっぱい作ってきたんだけど、まだ完成していないものがあるから、今から急いで作らなきゃ。武史さんは、完成したアクセサリーをテーブルの上に並べてくれる？　それと、お会計を担当してもらおうと思ってるんだけど。

M：オッケー！　そういえば今日、昼間はものすごく暑くなるんだって。そこの売店で何か買ってこようか。

F：そうね。私が買ってくるわ。お茶がいいかな？

M：うん。じゃあ、お願いするよ。

男の人はこの後まず何をしますか。

....

3番 🎧 MP3 N2-1-05 　　　　　　　　　　　[答え：3]

店で女の人と男の人が話しています。男の人はこの後まず何をしますか。

F：お客様、今、お召しのこちらのズボンは裾のお直しですよね。どれくらいの長さがよろしいですか。

M：そうですね。かかとが少し見えるくらいで。

F：この辺りでいかがでしょうか。

M：あ、ちょうどいいです。では、これでお願いします。

F：かしこまりました。では明後日、水曜日には完成しますので、午後3時以降でしたら、いつでもお引き取りいただけます。

M：そんなに早く仕上げてもらえるんですね。じゃあ、他にも直したいズボンがあるんで

すけど、それも一緒にお願いできますか。

F：本日午後2時までにお持ちいただけましたら、こちらのズボンと同じ時間にお渡しできますよ。

M：よかった。じゃあ、1時過ぎにまた来ます。

男の人はこの後まず何をしますか。

4番 🎧MP3 N2-1-06　　　　　　　　　　[答え：1]

会社で女の人と男の人が話しています。女の人はこの後まず何をしますか。

F：先輩。明日、課長に提出する書類なんですが、一度見ていただけますか。

M：うん、いいよ。もうちょっとしたら会議だから、今すぐ見るよ。どれどれ？　お、なかなかよくできてるじゃない。

F：ありがとうございます。

M：課長は細かい部分までチェックするからね。

F：商品の基本説明は、もう少し増やした方がいいでしょうか。

M：いや、これはこのくらいでいいよ。簡潔にまとめていると思う。それより、商品の機能と特徴を詳しく紹介している部分、文章じゃなくて、表にして整理した方が分かりやすいな。

F：はい、分かりました。そうします。

M：じゃ、そこだけ直して、最後は数字や文字の間違いがないか、しっかり確認しておいて。

女の人はこの後まず何をしますか。

5番 🎧MP3 N2-1-07　　　　　　　　　　[答え：2]

男の人と女の人が話しています。男の人はこの後まず何をしますか。

M：来週、女の子とご飯を食べに行くんだけどね。まあ、初デートってやつでさ。どんなレストランに行けば、喜んでもらえるかな？　インターネットでいろいろ調べてるんだけど、なかなか候補を絞れなくて。

F：そうですね。味も大事ですけど、雰囲気も重要ですよね。SNSに載せるすてきな写真が撮れるようなお店なら、きっと喜ぶと思います。このサイト、最近人気のレストランやカフェがたくさん載ってますよ。

M：へー、ちょっと見せて。こんなサイトがあったのか。全然、知らなかった。

F：会員になったら、写真を載せたり、保存もできたりするんです。私の周りの友達もみ

んな使ってます。

M：ありがとう。これで調べてみるよ。あれ？　いきなり写真が見られなくなったんだけど。

F：あっ、会員になったら制限なしで見られます。

M：じゃあ、早速手続きするよ。

男の人はこの後まず何をしますか。

問題2 ─────────────────

例　🎧 MP3 N2-1-09　　　　　　　　　　　　　　　　　　　　　　[答え：2]

会社で男の人と外国人の女の人が話しています。男の人は女の人の国の言葉をどうやって勉強することにしましたか。

M：グエンさん。僕、今度グエンさんの国に長期出張することになったんだ。日常生活に必要なベトナム語を習いたいんだけど、グエンさんは忙しいよね？

F：うーん、そうねえ、悪いけど。あ、私の友達、紹介しようか？

M：ありがとう。ラジオ講座のテキストを買ったんだけど、なんか一人だとやる気出なくて。学校や語学教室も調べたけど、オンラインレッスンは平日の昼間しかやってないんだって。

F：そうなんだ。友達は日本語がまったくできないんだけど、国で先生をやってた人なの。

M：日本語できないの？　どうしよう。

F：大丈夫よ。その方が練習になるから。大学のサークルでグループレッスンやってる所も知ってるわ。それはどう？

M：うーん。通うのが大変だし、個人レッスンの方がいいな。その人に頼んでもらえる？

F：うん、分かった。とにかく、習うより慣れろだよ。大丈夫。

男の人は女の人の国の言葉をどうやって勉強することにしましたか。

∙∙

1番　🎧 MP3 N2-1-10　　　　　　　　　　　　　　　　　　　　　　[答え：2]

女の人がトーク番組で話しています。この後何が始まりますか。

F：皆さん、こんにちは。さあ、本日も始まりました、「赤木サチコの部屋」。
　　今日のゲストは、皆さんお待ちかねの、あの方！
　　海外でも大活躍中のイケメン俳優、西田日向さんです。

西田さんは、英語と中国語そして日本語が話せるトリリンガルなんですよね。
ではまず、西田さんの小さい頃のお写真を見てみましょう。あらー！ 小さい時から、すごくかわいらしいですね。
それではコマーシャルの後に、西田さんのマル秘な私生活を、写真と共に公開してまいります。もちろん、写真の前に西田さんご本人登場です。お楽しみに！

この後何が始まりますか。

2番 🎧 MP3 N2-1-11　　　　[答え：3]

学生二人が話しています。男子学生はどうして遅刻したのですか。

F：田中君、珍しいね、遅刻するなんて。何かあったの？
M：実は、今日は朝から本当に大変でさ……。朝いつもより30分遅く起きたから、急いで準備して何とかいつもと同じ時間に家を出たんだ。
F：うんうん。
M：でね、駅まで走ったんだけど、駅についたら、満員電車のドアにかばんを挟んじゃった人がいて、それで電車がなかなか発車できなくて。
F：ええ、それは大変だったね。
M：うん。で、乗り換え駅を一生懸命走って、何とかいつも通り乗り換えられたんだけど……。
F：うんうん。
M：大学に着いたら南館のエレベーターが点検中で乗れなくて……。
F：あ、そうそう。私も今朝、階段で来たのよね。
M：そう。それで階段で6階まで来たら、思ったよりも時間かかっちゃって。
F：それは大変だったね。
M：本当、今日はついてないよ。

男子学生はどうして遅刻したのですか。

3番 🎧 MP3 N2-1-12　　　　[答え：3]

会社で女の人と男の人が話しています。二人はどんな会社で働いていますか。

F：あの、先輩。来週の和田さんの件なんですが。
M：ああ、聞いてくれた？
F：はい。トイレ、お風呂場、キッチン、それと電子レンジの掃除も頼まれました。日付は15日でオーケーだそうです。

M：分かった。えっと、たしか14時からだっけ？

F：そうです。3時間程度で終わりそうですよね？

M：うーん、そうだね。二人で行けば、それくらいでできると思う。

F：分かりました。当日は、私と先輩でいいですか。

M：うん、その日はみんな忙しかったと思うから、俺たちで行こう。

F：はい、分かりました。

二人はどんな会社で働いていますか。

・・

4番 🎧 MP3 N2-1-13　　　　　　　　　　　　　　　　　　　[答え：3]

学校で女の学生と男の学生が話しています。男の学生はどうして不愉快になりましたか。

F：誠君、おはよう。今日はいつもより遅かったね。また電車が事故で止まったの？

M：いや、今日は寝坊しちゃってさ。それより由希ちゃん、聞いてよ。さっき電車で優先席に座ってる若い男の人がいてさ、目の前に妊婦さんが立ってるのに知らん顔してるんだ。いつまでたっても譲る気配がなかったから、いらいらしたよ。

F：ええー、ひどいね。優先席を必要としている人がそこに座れなかったら何の意味もないのに。それで妊婦さんは結局どうなったの？

M：他の場所にいた別の人が席を譲ったよ。

F：その男の人は本当に図々しいね。

M：優先席が何のためにあるのか、ほんと、考えてほしいよ。

男の学生はどうして不愉快になりましたか。

・・

5番 🎧 MP3 N2-1-14　　　　　　　　　　　　　　　　　　　[答え：3]

テレビで女の人が話しています。女の人は何を最優先にすべきだと言っていますか。

F：政府の調査によると、介護が必要な高齢者は650万人で、今後、さらに増え続けると予測されています。介護施設を増やすことや介護サービスの内容をより良いものにしていくことが必要になるでしょう。また、介護現場で働く人材が不足しています。これも大きな問題です。しかし今、何よりも大切なことは、介護を必要とする人をこれ以上増やさない、つまり介護予防です。そのためには、高齢者の運動プログラムの開発や地域コミュニティーを活性化させ、引きこもりを防ぐといった取り組みが欠かせません。今、政府が何を最優先にすべきか、明らかなのではないでしょうか。

女の人は何を最優先にすべきだと言っていますか。

・・

6番　🎧 MP3 N2-1-15　　　　　　　　　　　　　　　[答え：**2**]

会社で男の人と女の人が話しています。女の人はどうして慌てていますか。

M：木村さん、来週の打ち合わせの件なんですけどね。今、ちょっといいですか。
F：あ、中山さん。いや、あの、その、今、余裕がなくて。
M：どうしたんですか。そんなに焦って。トラブルでも起きましたか。
F：いえ、さっき、報告書を修正するように部長に言われたんですよ。でも、明日までに
　　ヤマダ商会に送らないといけない見積もりが途中までしかできていないんです。今日
　　から始めるつもりだった中山さんとの打ち合わせの準備もまだ全然手をつけられてい
　　ないし。
M：まあまあ落ち着いて。報告書の修正はいつまでにやらないといけないんですか。
F：今週中です。
M：うん？　時間は十分にあるじゃないですか。ちょっと見せてください。なんだ、これ
　　くらいの修正なら明日から始めても間に合いますよ。もし分からないところがあれば
　　聞いてください。私も手伝います。今日はまず、見積もりを完成させましょう。

女の人はどうして慌てていますか。

問題3 ────────────────────────────

例　🎧 MP3 N2-1-17　　　　　　　　　　　　　　　[答え：**1**]

会社の研修会で産業カウンセラーが話しています。

M：忘年会・新年会のシーズンが近づいてきました。会社の飲み会も増える季節です。皆
　　さんの中には、飲み会や上司からの誘いを断らないで必ず参加する「付き合いのい
　　い人」になっている方はいませんか。もちろん、会社生活において「付き合い」は大
　　切です。けれども、周りの目を気にして無理に飲み会に参加する必要はありません。
　　また、他人に強要してもいけません。コミュニケーションの場として飲み会に重点を
　　置いて付き合いがいい・悪いと評価するのではなく、普段からよいお付き合いのでき
　　る職場作りを目指していきましょう。

産業カウンセラーは何について話していますか。

1　会食に対する意識の改善
2　会社の飲み会でのマナー
3　上司の信用を得る方法

4　飲み会の理想的な断り方

・・・

1番　🎧 MP3 N2-1-18　　　　　　　　　　　　　　[答え：2]

テレビで女の人が話しています。

F：結婚適齢期は、女性の社会進出などに伴い、男女共に30歳くらいというイメージが一般化しています。しかしデータで見てみますと、実際のところは、男性は27歳で、女性は26歳で結婚している人が一番多くなっています。ではなぜ、実際の年齢から3、4歳も差がある適齢期30歳説が出てきたのかと言いますと、そこには平均初婚年齢が関係しているようなんです。最近は50代や60代で初めて結婚する晩婚化が進んでおり、その影響で平均初婚年齢がぐっと上がりました。男性31歳、女性29歳です。この数字がメディアなどを通じて伝わったせいではないかと思われます。統計データの見方には注意が必要だと言えますね。

女の人は何について伝えていますか。

1　情報化社会におけるメディアの役割
2　結婚適齢期のイメージと現実の違い
3　年齢や性別によって異なる結婚のイメージ
4　統計データの具体的な活用法

・・・

2番　🎧 MP3 N2-1-19　　　　　　　　　　　　　　[答え：1]

日本語学校の教室で先生が話しています。

F：皆さんは敬語についてどのくらい知っていますか。敬語には主に二つ、種類があります。絶対敬語と相対敬語です。まず、絶対敬語では、自分より年上の人に敬語を使います。それに対して、相対敬語では相手との関係性によって敬語の使い方を変えます。この相手との関係性というのは、例えば、会社の上司には尊敬語を使いますが、上司を社外の人に紹介するときは尊敬語を使わずに紹介する、というものです。日本語では関係性によって敬語を使い分けることが必要になります。今日はその、仕事で使う日本語について勉強したいと思います。

先生は何について話していますか。

1　敬語の種類と使い方
2　敬語を使う意義

. . . .

3番　🎧MP3 N2-1-20　　　　　　　　　　　[答え：**4**]

ラジオで女の人が話しています。

F：「悩んでいる友達にどう声をかければいいでしょうか」というお便りをいただきました。人は何かにつまずいたり、失敗が続いたりすると自分を否定するようになります。そんなとき、周りの人の慰めがあれば、自信を取り戻せるようになります。でも、あなたが声をかけたからといって友達の悩みは、すぐに解決はしません。忘れないでほしいのは、時間がかかるということです。友達の悩みに共感して、寄り添ってください。あれこれ聞き出したり、考えを否定したりしてはいけません。何かしてあげたい気持ちは分かりますが、悩んでいるときこそ、相手を尊重することが大切です。

女の人は何について伝えていますか。

1　友達との関係を続けること
2　友達の失敗から学ぶこと
3　慰めの言葉が役立たないこと
4　慰める場合に注意すること

. . . .

4番　🎧MP3 N2-1-21　　　　　　　　　　　[答え：**3**]

サークルのリーダーが話しています。

M：今年の夏休みも合宿をしたいと思っています。今年は例年使っている施設が改装工事のため使えないので、新しい場所を探さないといけないのですが、宿泊費と交通費を考えるとなかなかちょうどいい場所がありません。合宿の内容も考えるとできるだけ自然豊かな場所がいいと思っているので、いろいろ検討した結果、今年は合宿費を例年よりも少し上げたいと思います。その分いい内容になるよう私も努力したいと思いますので、皆さんのご協力をお願いします。

男の人は何について話していますか。

1　合宿の内容と日数
2　合宿所までの距離
3　合宿にかかる費用
4　改装工事の時期

. . . .

5番 🎧 MP3 N2-1-22 　　　　　　　　　　　　　　　 [答え：**1**]

留学説明会で学生が外国語でのコミュニケーションについて話しています。

F：留学で外国に行って感じたことは、国によってコミュニケーションの取り方が違うということです。私は、言葉さえできれば誰とでも仲良くなれると思っていました。ところが留学したばかりの頃、私が深く考えずに言った一言でその場の雰囲気がとても気まずくなったことがありました。その時は、私の語学力が不足していたせいだと思っていたのですが、留学生活に慣れてきた頃にようやく気が付きました。あの時私が言った言葉は、その国ではとても失礼に当たることだったのです。今は、言葉だけではなくて、文化を理解する努力も必要だなと思っています。

学生は何について話していますか。

1　コミュニケーションにおける異文化理解の大切さ
2　コミュニケーションを取ることの難しさ
3　留学でみんながよくやる失敗
4　これから留学する人へのアドバイス

問題4 ──────────────────────────

例 🎧 MP3 N2-1-24 　　　　　　　　　　　　　　　 [答え：**1**]

M：鈴木さんを抜きにしては、この企画、成功は望めないだろうな。

F：1　ええ、鈴木さんを引き留めるべきよ。
　　2　うん、抜いたのは鈴木さんだもんね。
　　3　だから早くから抜くべきだったのよ。

1番 🎧 MP3 N2-1-25 　　　　　　　　　　　　　　　 [答え：**2**]

F：部長、今日のネクタイ、よくお似合いですね。

M：1　君の口の軽さ、尊敬するよ。
　　2　お世辞でも、うれしいよ。
　　3　無責任なことを言わないでくれよ。

2番 🎧MP3 N2-1-26　　　　　　　　　　　　　　　［答え：**1**］

M：課長はよほどのことがない限り、怒鳴るような人じゃないんだけどね。

F：1　よっぽどのことだったんだよ。
　　2　うん、よく大声あげなかったよね。
　　3　そうそう、怒鳴れば何とかなると思ってるのよ。

- -

3番 🎧MP3 N2-1-27　　　　　　　　　　　　　　　［答え：**2**］

F：担当者を男性に変えてくれだなんて、失礼しちゃうわ。

M：1　そりゃ、願ったり叶ったりだね。
　　2　今どき、そんなこと言う人、まだいるの？
　　3　僕はもう少しやってから失礼するよ。

- -

4番 🎧MP3 N2-1-28　　　　　　　　　　　　　　　［答え：**1**］

M：ねえ、田中先生がどこにいるか知らない？　進路のことで残るように言われてたんだけど、先生いないんだよ。

F：1　さあ。職員室にいるんじゃない？
　　2　進路？　私は別に相談することないんだけど。
　　3　もう一度言ってみたらどう？

- -

5番 🎧MP3 N2-1-29　　　　　　　　　　　　　　　［答え：**2**］

M：九州への出張は佐藤さんが行くことになったそうだよ。九州の酒をお土産に頼んでおこうか。

F：1　お酒？　仕方ない、買ってきてあげるとするか。
　　2　やあね、遊びに行くんじゃないのよ。
　　3　あんまり飲み過ぎないように、気を付けて行ってきてね。

- -

6番 🎧MP3 N2-1-30　　　　　　　　　　　　　　　［答え：**2**］

F：もしかして今お昼食べてるの？　もう4時近いのに。

M：1　あれ？　そんなに長い間食べていたのか。
　　2　忙しくてさ、昼にパン１個しか食べられなかったんだ。
　　3　いや、とっくに忘れたから。

7番 🎧MP3 N2-1-31　　　　　　　　　　　　　[答え：**3**]

M1：夏のボーナス、カットだってさ。会社、辞めようかな。

M2：1　君の会社、儲かってるんだね。
　　 2　なら、ボーナスをもらってから辞めたら？
　　 3　このご時世、悩まずにはいられないよな。

8番 🎧MP3 N2-1-32　　　　　　　　　　　　　[答え：**2**]

M：んー、いい解決方法が見つからないね。時間ばかり過ぎていくよ。

F：1　こんないい方法、他にはないですね。
　　2　ちょっと休んで、お茶でも飲みませんか。
　　3　そんなに時間があったんですか。

9番 🎧MP3 N2-1-33　　　　　　　　　　　　　[答え：**2**]

F：このお魚、煮るとか焼くとかして、火を通した方がよさそうじゃない？

M：1　なら、お刺身がいいね。
　　2　どれ、見せて。
　　3　うん、焼いて正解だったよ。

10番 🎧MP3 N2-1-34　　　　　　　　　　　　　[答え：**3**]

F：桜井君って、中学卒業までアメリカに住んでた帰国子女なんだって。

M：1　それなら英語が堪能なわけにはいかないね。
　　2　ずいぶんすらすらと英語を聞き流すと思ったよ。
　　3　だからか。どうりで英語が上手なわけだ。

11番 🎧MP3 N2-1-35 　　　　　　　[答え：2]

F：部長、今日ですよね、お嬢さんの大学入試の合格発表。そろそろですか。

M：1　居ても立っても居られない様子だと思ったよ。
　　2　うん。気になって、じっとしていられなくてね。
　　3　うん。こうしてはいられないところだよ。

．．．

12番 🎧MP3 N2-1-36 　　　　　　　[答え：3]

M：あー、ほんっと、せいせいした。

F：1　うん、変な天気だよね。
　　2　ええ、とってもきれい。
　　3　大変だったね。

問題5 ————————————————————————————

1番 🎧MP3 N2-1-38 　　　　　　　[答え：3]

男の人と女の人が家で子どものことについて話しています。

F：ねえ、あなた。ミサキの事なんだけど……ちょっと相談してもいいかしら？
M：ん？　いいけど、何かあった？
F：いや、ミサキがね、誕生日にスマートフォンが欲しいって言いだしたの。私は持たせてあげてもいいかなって思ってるんだけど、今使ってるキッズケータイよりもお金がかかるし、うちはいつもあなたが契約してくれてるじゃない？　だからパパの許可をもらってからにしましょってミサキには言ってあるんだけど……。
M：スマホか……。まだ小3だぞ、ちょっと早すぎるんじゃないか。キッズケータイで十分だろ。俺たちとの連絡も取れてるし。それに、スマホってことは、SNSを始めることになる。まだ、"いい・悪い"が判断できる年齢じゃないだろ。
F：それはそうなんだけどね。ミカちゃんとユキちゃんがスマホを持ち始めてクラスでスマホを持ってるグループと、持ってないグループが出来始めたらしいのよ。女の子ってそういうの、結構大事じゃない？　ミサキだけ仲良しグループに入れないのは、かわいそうだと思うの。
M：うーん。でも、SNSが発端で小学生が事件に巻き込まれたってニュース、今日の新聞にも載ってたし、そう簡単に「はいはい」言うものでもないだろう。

F：SNS も、子どもが安心して使えるように工夫されてるものもあるっていうし、ルールを決めて使うようにしたらいいんじゃないかしら。

M：うーん、そうなのか。誕生日まで、まだ少しあるから、俺もちょっと調べてみるよ。

女の人は何を心配していますか。

1　子どもが SNS を使うこと
2　スマホの値段が高いこと
3　娘と友達の間に距離ができること
4　パパの許可が下りないこと

……………………………………………………………………………………

2番　🎧 MP3 N2-1-39　　　　　　　　　　　　　　［答え：3］

高齢者の介護問題についてのニュースを見て、夫婦が話しています。

F1：高齢者人口の増加に伴い、高齢の親を自宅で介護する在宅介護が増えています。介護をするのは女性が主で、主婦の方が多いのが現状です。しかし、多くの女性は、家事はもちろんのこと、仕事をしながらの介護に大きな負担やストレスを感じています。また、外部からの助けなしに、一人で頑張る傾向にあります。どうか地域の介護サービスの利用を考えてみてください。完璧に介護しようと頑張る人ほど、介護サービスの利用をためらいがちです。介護サービスを利用することは、決して恥ずかしいことではありません。一人で頑張らず、看護師や介護士、社会福祉士などの専門家に積極的に相談してください。

M　：そうだよな。誰か一人に介護を任せきりというのは、よくないよな。

F2：それはそうと、うちのお父さんも一人暮らしだから心配だわ。

M　：今はまだお元気だからいいけど、高齢だし、正直あまり考えたくはないけど介護が必要になるのも時間の問題かもしれないしな。

F2：お父さんもそれは考えてるみたい。お前たちには迷惑かけたくないって、この前言ってたから。介護サービスについて、今のうちにお父さんと少し話をしておいた方がいいんじゃないかしら。

M　：そうだな。いざというときに、お互い困るもんな。

F2：お父さんと話す前に、どんなサービスがあるのか調べてみない？

M　：うん。こういうときは市役所か社会福祉協議会ってとこかな？

F2：じゃ、一度連絡してみるわ。

二人はどうして介護サービスに関心がありますか。

1　完璧な介護ができるようになりたいから

2　女性が一人で介護するのが大変だから
3　高齢の父親のこれからが心配だから
4　専門家のサポートが必要な状況だから

3番　🎧MP3 N2-1-41

テレビで動物病院の先生が犬の年齢について話しています。

M1：人間と犬では年の取り方が違うこと、皆さん、ご存じでしたか。犬の種類や飼われている状況などによって差がありますが、小型犬は生後1年半で、大型犬は2年で人間の二十歳となります。生後1年半から2年で成犬、つまり大人になるということです。人間に比べると、犬の成長は実にあっという間ですね。そして、成犬になってからは、小型犬の1年は人間の4年分、大型犬の1年は人間の7年分として計算されます。犬の平均寿命は大体13年から15年と言われていますが、最近では医療技術の進歩やドッグフードの改良などにより、15年以上、小型犬では20年以上生きる犬も増えています。飼い主は愛犬のより良い一生のために、それぞれの年齢や健康状態に応じた環境づくりをしてあげたいですね。

F ：そうなんだよね。私より犬の方が早く年を取るのよね……。分かってはいても、なんだか悲しくなっちゃうな。

M2：うちの犬は、生まれてすぐの子犬の頃にうちに来て、まだ3年しか一緒にいないのに、年齢はもう僕と変わらないくらいだからね。なんか不思議だよ。

F ：ほんと、成犬になってもかわいいからね。うちの子なんか、ついこの間まで片手で持ち上げられるくらい小さかったし。

M2：加藤さんちの子は何犬なの？　小型犬？

F ：うん。うちは小型犬のパグよ。もう5年経ってるから、人間の年齢でいうと、とっくに30歳を超えてることになるわ。

M2：そっか。うちは大型犬のゴールデンレトリバーでね、3歳だから、まだちょっとだけ僕より若いかな。

F ：そうなんだ。少しでも長く一緒に過ごすために、日頃の健康管理や食事を気遣ってあげないとね。

M2：うん、そうだね。あ、最近はペットのための保険もあるんだってね。

F ：そうよ。動物病院の治療費は高いから。私はまだ入ってないけど、保険に入るのも賢い選択かも。

質問1　女の人が飼っている小型犬は人間の年齢で何歳ぐらいですか。　[答え：4]

質問2　男の人が飼っている大型犬は人間の年齢で何歳ぐらいですか。　[答え：2]

第2回

答え
&
聴解スクリプト

答え

言語知識(文字・語彙・文法)・読解

問題1
→ P.03

1	2	3	4	5
1	3	4	4	2

問題2
→ P.04

6	7	8	9	10
3	2	4	4	3

問題3
→ P.05

11	12	13	14	15
2	3	4	3	2

問題4
→ P.06

16	17	18	19	20	21	22
4	3	2	3	2	2	3

問題5
→ P.07

23	24	25	26	27
1	4	2	3	2

問題6
→ P.08

28	29	30	31	32
2	1	2	2	2

問題7
→ P.10

33	34	35	36	37	38	39	40	41	42
3	2	4	4	1	3	3	2	3	4

43	44
3	1

問題8
→ P.12

45	46	47	48	49
1	1	3	2	4

問題9
→ P.14

50	51	52	53	54
3	2	2	3	4

問題10
→ P.16

55	56	57	58	59
4	3	1	4	4

問題11 → P.22

60	61	62	63	64	65	66	67	68
1	2	3	4	1	1	1	2	3

問題12 → P.28

69	70
1	2

問題13 → P.30

71	72	73
2	2	4

問題14 → P.32

74	75
4	2

ちょうかい
聴解

問題1 → P.37

例	1	2	3	4	5
3	3	3	1	1	2

問題2 → P.41

例	1	2	3	4	5	6
2	2	4	1	2	4	4

問題3 → P.45

例	1	2	3	4	5
1	4	2	2	4	2

問題4 → P.46

例	1	2	3	4	5	6	7	8	9
1	3	3	2	1	3	3	1	3	1

10	11	12
1	1	1

問題5 → P.47

1	2	3(1)	3(2)
3	2	1	2

模擬試験 採点表

模擬試験の結果を書いて、点数を計算してみましょう。

※ JLPT N2に合格するためには、下の採点表の**A**、**B**、**C**それぞれが19点以上、総合得点が90点以上必要です。

第2回

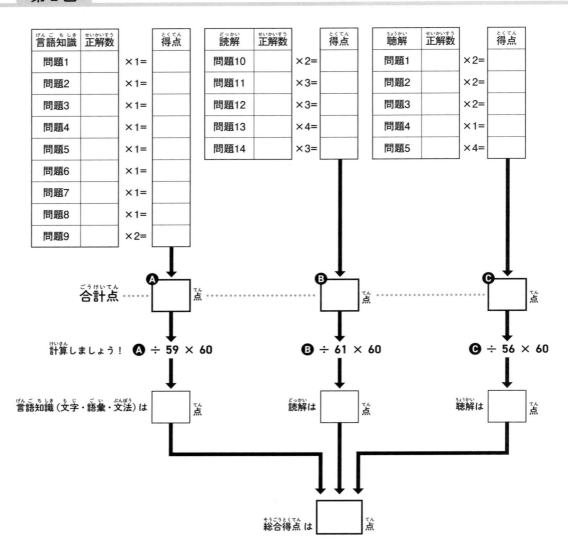

計算しましょう！　**A** ÷ 59 × 60　　**B** ÷ 61 × 60　　**C** ÷ 56 × 60

言語知識	正解数		得点
問題1		×1=	
問題2		×1=	
問題3		×1=	
問題4		×1=	
問題5		×1=	
問題6		×1=	
問題7		×1=	
問題8		×1=	
問題9		×2=	

読解	正解数		得点
問題10		×2=	
問題11		×3=	
問題12		×3=	
問題13		×4=	
問題14		×3=	

聴解	正解数		得点
問題1		×2=	
問題2		×2=	
問題3		×2=	
問題4		×1=	
問題5		×4=	

合計点 …… **A** 点 …… **B** 点 …… **C** 点

言語知識（文字・語彙・文法）は ☐ 点　読解は ☐ 点　聴解は ☐ 点

総合得点 は ☐ 点

※この採点表の配点は、「JLPT リアル模試」独自のものです。

第2回 聴解スクリプト

通し聞き用音声 🎧MP3 N2-2-43

（M：男性　F：女性）

問題1

例　🎧MP3 N2-2-02

[答え：**3**]

大学で男の学生と事務の人が話しています。学生はこの後どうしますか。

M：すみません。インターネットで授業の履修登録をしたんですが、うまく表示されなくて。エラー画面が何度も出るんです。

F：ああ、そうなんですね。そういう場合は情報センターで聞いていただいていいですか。

M：ここじゃないんですか。あのー、じゃあ、登録した授業を削除するのも情報センターですか。

F：それは科目によりますね。何の授業ですか。

M：建築学概論なんですけど。

F：えっと、それはこちらで処理する科目なので、変更願を出してください。用紙はこちらです。後でエラーが直ったら、インターネットで登録画面から削除されているか、必ず確認をしてくださいね。

M：分かりました。

学生はこの後どうしますか。

・・・

1番　🎧MP3 N2-2-03

[答え：**3**]

会社で男の人と女の人が話しています。男の人はこの後まず何をしますか。

M：先輩、昨日言われたデザインのやり直しができたので、確認してもらっていいですか。

F：はーい。あ、森田さん、今、1階に段ボールが10箱届いたって連絡があったの。受け取りに行くの、手伝ってくれる？

M：分かりました。じゃあ、その前に3階の営業部に寄って、資料を提出してから、1階に行きますね。ロビーに行けばいいですか。

F：ううん。段ボールは駐車場に置いてあるんだって。

M：分かりました。じゃあ、駐車場で。

F：私は総務部に行って台車を借りておくね。

男の人はこの後まず何をしますか。

・・・

2番 🎧 MP3 N2-2-04 　　　　　　　　　　　　　　[答え：3]

研修会の進行係が放送で話しています。参加者はいつ体育館へ行きますか。

M：皆さま、本日は松永市教職員研修会にお集まりいただきありがとうございます。参加者の皆さまへご案内いたします。まず、受付で資料と名札はお受け取りになりましたでしょうか。もし名札がない方がいらっしゃいましたら、お手数ですが受付までお越しください。配布した資料に、今日の日程とグループ分けが書いてあります。お名前をご確認の上、それぞれ指定された教室にお入りください。グループの方が全員集まりましたら、体育館へ移動をお願いします。また、気になる点、足りない物などがございましたら、1階の職員室までお願いいたします。

参加者はいつ体育館へ行きますか。

- -

3番 🎧 MP3 N2-2-05 　　　　　　　　　　　　　　[答え：1]

大学で男の学生と女の学生が話しています。女の学生はこれから何をしますか。

M：今回のグループワークの課題は、参考資料の量が多くて大変だね。
F：ほんと……。来週の金曜までに間に合うかな。
M：前みたいに二人で内容を確認しながら進めたら、間に合いそうにないね。範囲を分担するのはどう？
F：そうしよう。資料の前半は私が担当する。実はもう、一部進めちゃったんだ。
M：あ、そうなんだ。じゃ、それぞれの担当範囲を要約していけばいいかな。
F：そうだね。発表の練習の時間も考えないといけないから、次は木曜日に集まるのはどう？
M：あ、木曜日は授業があるから、せっかくだから先生に質問できるようにしとこっか？
F：じゃ、水曜の夜までにお互い頑張らないとね。私がまとめてる部分は、途中だけど後でメールで送るよ。見ておいてくれる？
M：ありがとう。僕は先生に、授業の後に時間下さいって、お願いしておく。
F：時間に余裕がないけど、頑張ろう。
M：うん。木曜に先生からアドバイスをもらえば、何とかなりそうだね。

女の学生はこれから何をしますか。

- -

4番 🎧 MP3 N2-2-06

女の人と男の人が電話しています。男の人はこの後まず何をしますか。

F：もしもし……。

M：もしもし、亜紀ちゃん？　どうしたの、風邪引いた？

F：うん、咳が止まらなくてね。熱も出てきたみたいで。さっき寝て起きたら、すごく汗
　　かいてた。

M：じゃあ、すぐに着替えて。薬は飲んだ？

F：ううん、家に薬がない。

M：僕がこれから薬を買って、亜紀ちゃんの家まで行くよ。食べたいものはある？　何か
　　買って行こうか。

F：それは大丈夫。冷蔵庫に材料はいろいろあるから。むしろ家に来たら、何か食べるも
　　のを作ってほしいな。

男の人はこの後まず何をしますか。

. . . .

5番 🎧 MP3 N2-2-07

大学で女の学生と男の人が話しています。女の学生はこの後まず何をしますか。

F：すみません、大学院の入学願書を提出しに来たんですけど。

M：はい、では書類を確認しますね。成績証明書、研究計画書、ええと、写真はお持ちで
　　すか。

F：はい。この２枚で。学校の写真店でさっき撮りました。

M：サイズも合ってますね。あ、返信用の封筒と切手がないですね。

F：えっ？　必要でしたっけ。

M：はい。切手は370円です。どちらも大学の売店で買えますよ。

F：うっかりしてました。すぐに買ってきます。

M：今日はもう閉まってますよ。明日、また来てください。それと試験料の支払いが完了
　　した方のみ、書類を受け付けることができますので、そちらも併せて確認してくださ
　　い。

F：そうなんですね。じゃあ、インターネットバンキングで今夜のうちに済ませます。

女の学生はこの後まず何をしますか。

問題2

例 🎧 MP3 N2-2-09

[答え：2]

会社で男の人と外国人の女の人が話しています。男の人は女の人の国の言葉をどうやって勉強することにしましたか。

M：グエンさん。僕、今度グエンさんの国に長期出張することになったんだ。日常生活に必要なベトナム語を習いたいんだけど、グエンさんは忙しいよね？

F：うーん、そうねえ、悪いけど。あ、私の友達、紹介しようか？

M：ありがとう。ラジオ講座のテキストを買ったんだけど、なんか一人だとやる気出なくて。学校や語学教室も調べたけど、オンラインレッスンは平日の昼間しかやってないんだって。

F：そうなんだ。友達は日本語がまったくできないんだけど、国で先生をやってた人なの。

M：日本語できないの？どうしよう。

F：大丈夫よ。その方が練習になるから。大学のサークルでグループレッスンやってる所も知ってるわ。それはどう？

M：うーん。通うのが大変だし、個人レッスンの方がいいな。その人に頼んでもらえる？

F：うん、分かった。とにかく、習うより慣れろだよ。大丈夫。

男の人は女の人の国の言葉をどうやって勉強することにしましたか。

⋯⋯⋯⋯⋯⋯⋯⋯⋯⋯⋯⋯⋯⋯⋯⋯⋯⋯⋯⋯⋯⋯⋯⋯⋯⋯⋯⋯⋯⋯⋯⋯⋯⋯⋯⋯⋯⋯⋯

1番 🎧 MP3 N2-2-10

[答え：2]

女の人二人が話しています。女の人はパーカーをどうするつもりですか。

F１：昨日届いたこのパーカー、大きめに着たくてLサイズを選んだんだけど、思ったよりも丈が短い気がするんだよね。

F２：うーん、ユキはそんなに背も高くないから、それくらいでもいいんじゃないかな。でも確かに他のパーカーよりは短めかもしれないね。

F１：そうでしょ？ いつも着てるブランドだと、Lでも十分大きく着られるのに。

F２：いつものとこと違うの？

F１：うん。ちゃんとサイズを見て買ったけど、思ったよりも小さめにできているみたい。交換するかどうか悩んでるんだけど……。

F２：そっかそっか。でもさ、デニムに合わせるだけなら大きい方がいいかもしれないけど、スカートに合わせるなら、これくらいでいいかなって思う。

F１：そう？

F２：うん。ちょっとこのスカート履いてみてよ。

ＦＩ：お、意外といいかも。

Ｆ２：でしょ？　あとは、パーカーの中に長めのチェックのシャツとかを合わせると、腰の所にシャツの色が見えていいと思う。デニムとでも合うんじゃない？

ＦＩ：確かにいいかも。さすがミキ！　デニムとは、まあ、あれだけど、スカート用って考えたらいっか。

Ｆ２：うんうん。

女の人はパーカーをどうするつもりですか。

. . . .

2番 🎧 MP3 N2-2-11　　　　　　　　　　　［答え：**4**］

テレビで男の人が自分の仕事について話しています。男の人は何がうれしいと言っていますか。

Ｍ：この辺りはオフィスビルが多いので、ランチ限定で弁当を販売しています。男性でも満足できる量であると同時に、野菜もたっぷりで栄養バランスがいいと評価をいただいているようです。特に宣伝はしていないのですが、口コミ効果でだんだんお客さんが増えました。お陰様で、順調に売り上げが伸びています。でも、おいしかったよと言ってもらえるのが一番うれしいです。

男の人は何がうれしいと言っていますか。

. . . .

3番 🎧 MP3 N2-2-12　　　　　　　　　　　［答え：**1**］

学校で先生と学生が話しています。学生は留学先で何が問題だったと言っていますか。

Ｍ：佐藤さん、久しぶり。元気そうですね。オーストラリア留学はどうでしたか。

Ｆ：はい。とても楽しかったです。語学学校では授業がすべて英語なので、はじめは緊張しましたが、先生の話をだんだん聞き取れるようになってうれしかったです。でも話す機会は思っていたほどなくて、それが残念でした。

Ｍ：そうですね。ただ留学したからといって、その土地の人と話す機会が豊富にあるとは限りませんね。

Ｆ：はい。日本人の学生とはできるだけ会わないようにして、買い物に行ったら、用事がなくてもわざと店員に質問したり、パブに行って近くの人に話しかけたりしたんですよ。それがいい練習になって、英語の実力も身に付いたような気がします。

Ｍ：それは感心ですね。とてもいい方法ですよ。

Ｆ：そうですよね。授業だけでは物足りないですし、語学学校は授業のやり方を見直した方がいいと思いました。

学生は留学先で何が問題だったと言っていますか。

....

4番 🎧MP3 N2-2-13 [答え:2]

男の人と女の人が話しています。男の人がCDを買う理由は何ですか。

M：田中さんは、どうやって音楽を聴いてるの？

F：SNSとか、いろんなサイトでストリーミングをしてスマホで聴いてますよ。データの容量を気にしなくてもいいけど、ネットに接続していることが条件なんですよね。だから、気を付けないと通信料が思った以上にかかっちゃうんですよ。

M：やっぱり最近は、そうやって音楽を聴くものなんだね。僕はCDを集めるのが好きだから、家ではCDプレイヤーで聴いてるよ。

F：CDなんて、プレイヤーがないと聴けないから、不便じゃないですか。

M：いやいや、CDはパソコンでも再生できるし、データを変換すればスマホでも聴けるんだよ。USBに入れておけば、車のカーオーディオでも聴けるんだ。

F：知らなかったです。CDはもう古いと思ってました。本当に気に入った音楽なら、CDを買う方がいいのかもしれませんね。

M：まあ、僕はそもそもコレクションするのが好きだからね。ひょっとすると、音楽を聴くよりも、集めたCDを並べている時の方が幸せかもしれない。

男の人がCDを買う理由は何ですか。

....

5番 🎧MP3 N2-2-14 [答え:4]

電気店で男の人と女の人が話しています。二人は掃除機を売るためにどうすることにしましたか。

M：新商品であるロボット掃除機の売り上げを伸ばしたいんだけどね。店頭でのお客さんの様子はどう？　需要はありそう？

F：そうですね。関心の高い方とそうでない方と差がありますね。

M：うーん、そうか。

F：店内にポスターをはったり、新聞の折り込みチラシで宣伝もしてみたんですが……。

M：そうだな。値下げしてみるべきかな。

F：値段のこともあるとは思いますが実際に使えるかどうか、悩んでいる方が多いようです。ロボット掃除機を使うために、床を片付けるのが面倒だという意見が大半です。

M：なるほど。掃除機の機能について、まだあまり理解されていないんだな。よし、使い方のコツを紹介するパンフレットを作ってみよう。

ふたり そうじき う
二人は掃除機を売るためにどうすることにしましたか。

....

6番 🎧MP3 N2-2-15 ［答え：**4**］

かいしゃ おとこ ひと おんな ひと はな ふたり いっしょ
会社で男の人と女の人が話しています。二人はいつ一緒にランチをすることにしました
か。

F：新しく入社した田中さんを紹介したいんですが、今度、一緒にランチに行きません
　　か。
M：わあ、ありがとうございます。いつにしますか。
F：来週の火曜か水曜はどうですか。
M：週の半ばまで忙しいので、ちょっと先になりますが、金曜日でもいいですか。
F：その日は一日中会議なんですよ。その前の日なら余裕があります。
M：じゃ、その日にしましょう！
F：どこのお店に行きましょうか。

ふたり いっしょ
二人はいつ一緒にランチをすることにしましたか。

問題3 ─────────────────────

例 🎧MP3 N2-2-17 ［答え：**1**］

かいしゃ けんしゅうかい さんぎょう はな
会社の研修会で産業カウンセラーが話しています。

M：忘年会・新年会のシーズンが近づいてきました。会社の飲み会も増える季節です。皆
　　さんの中には、飲み会や上司からの誘いを断らないで必ず参加する「付き合いのい
　　い人」になっている方はいませんか。もちろん、会社生活において「付き合い」は大
　　切です。けれども、周りの目を気にして無理に飲み会に参加する必要はありません。
　　また、他人に強要してもいけません。コミュニケーションの場として飲み会に重点を
　　置いて付き合いがいい・悪いと評価するのではなく、普段から良いお付き合いのでき
　　る職場作りを目指していきましょう。

さんぎょう なに はな
産業カウンセラーは何について話していますか。

１　会食に対する意識の改善
２　会社の飲み会でのマナー
３　上司の信用を得る方法

4　飲み会の理想的な断り方

・・

1番　🎧 MP3 N2-2-18　　　　　　　　　　　　　　[答え：4]

テレビでニュースキャスターが話しています。

F：消費税が8％から10％に上がりましたよね。消費税が上がったのは5年半ぶり。外
　食は10％に上げられ、同じ商品を頼んでも、店内で食べるなら10％、持ち帰りなら
　8％と複雑な設定になっています。そのため最近は、持ち帰りで食事をする人が増え
　ているといいます。まずはこちらの映像をご覧ください。

キャスターは何について話していますか。

1　消費税の制度が複雑になった理由
2　店内で食べた方がいい理由
3　消費税が飲食店に与える影響
4　複雑になった消費税制度の影響

・・

2番　🎧 MP3 N2-2-19　　　　　　　　　　　　　　[答え：2]

先生が説明しています。

F：まずはデスクトップ上にある黄色いアイコンをクリックし、プログラムを立ち上げて
　ください。その後、左上にセッティングと表示された部分があるので、そこをクリッ
　クしてください。一番上が言語設定なので、そこの画面をスクロールすると日本語が
　出てきます。日本語にさえ変更すれば、先月まで使っていたプログラムと使い方は同
　じなので、もし質問がある人は手を挙げて教えてください。

先生は何について話していますか。

1　新しいプログラムの使用目的
2　プログラムの使用方法
3　プログラムの言語設定が外国語である理由
4　日本語での検索方法

・・

3番 🎧 MP3 N2-2-20 　　　　　　　　　　　　　　　　 答え:**2**

理科の授業で先生が生徒たちに話しています。

M：はい、注目！　今日の実験では、このヒーターとビーカーを使います。これからビーカーに液体を入れて熱を加えます。熱を加える前に、ビーカーにひびが入っていないか、しっかり確認してください。ビーカーはガラスでできているので、割れるととても危険です。もし割れている部分を見つけた場合は、必ず新しい物と取り換えてください。また、ビーカーに液体を入れる際は、量を少しにしてください。たくさん入れると、熱を加えた後に液体が吹きこぼれる可能性があるので、注意してください。はい、ここまでいいですか。分からないことは聞いてください。

先生は何について話していますか。

1　実験の進め方
2　実験で気を付けるべきこと
3　ビーカーのひびの消し方
4　ビーカーと液体の関係

....

4番 🎧 MP3 N2-2-21 　　　　　　　　　　　　　　　　 答え:**4**

ラジオで女の人が話しています。

F：私の料理教室では、先月から子ども専用のクラスを開催しています。他にはない、とても面白い企画だと自信を持って言えます。料理の技術を身に付けるだけではなく、私たちが普段食べているものにはどのような食材が使われ、どう作られているかを勉強することのできる、子どもたちにとってよい機会になるからです。自分たちで作ることで食材への感謝の気持ちも生まれると思いますし、バランスよくしっかり食べようという気持ちになりますよね。これからもどんどん広げていきたいです。

女の人は何について話していますか。

1　料理教室で習ったレシピ
2　大人が料理を学ぶことの意義
3　子どもが料理の技術を学ぶこと
4　子どもが料理から学べること

....

5番 🎧 MP3 N2-2-22 [答え：2]

病院の先生が話しています。

M：田中さん、お疲れさまでした。今回の健康診断の結果はおおむね良好ですが、血圧が少し高めなのが気になりますね。高血圧は将来的に大きな病気につながる可能性があるので、これ以上、血圧が上がらないように、少し気を付けたほうがいいですね。普段はどんな食生活をされていますか。お仕事がお忙しいと聞いていますが、塩分の高いものや高カロリーのものばかり食べていませんか。外食はカロリーが高いですからね。仕事が大変だとは思いますが、健康のために生活習慣を少し見直してみた方がいいですね。

先生は何について話していますか。

1　血圧を下げる食事
2　健康状態と健康管理
3　生活習慣が体重に与える影響
4　塩分が血圧に与える悪影響

問題4

例 🎧 MP3 N2-2-24 [答え：1]

M：鈴木さんを抜きにしては、この企画、成功は望めないだろうな。

F：1　ええ、鈴木さんを引き留めるべきよ。
　　2　うん、抜いたのは鈴木さんだもんね。
　　3　だから早くから抜くべきだったのよ。

1番 🎧 MP3 N2-2-25 [答え：3]

F1：あんな男と2年も付き合っていたのかと思うと、ほんと自分が情けなくて腹が立つわ。

F2：1　想像だけにしておきなよ。
　　2　彼を責めることないって。
　　3　悔やんでも仕方ないよ。

2番　🎧 MP3 N2-2-26　　　［答え：**3**］

M：君が作った自家製の野菜ジュース、こう言っちゃなんだけど、まずいとしか言いよう
　　がないよ。

F：1　うそ。正直な感想を聞かせてよ。
　　2　よかった。もっと飲んでいいよ。
　　3　ほんと？　何の組み合わせが悪かったんだろ。

....

3番　🎧 MP3 N2-2-27　　　［答え：**2**］

M：佐藤さんは食べ物のこととなると機嫌がいいね。

F：1　私、食べ物の好き嫌いが激しいのよ。
　　2　それじゃ、いつもは機嫌が悪いみたいじゃない。
　　3　でしょ。今、ダイエット中だから。

....

4番　🎧 MP3 N2-2-28　　　［答え：**1**］

F：今日は天気がいいわ。さあ、起きて。布団を干したいの。どいてくれない？

M：1　休みの日ぐらい、ゆっくり休ませてよ。
　　2　仕方ないな。どかしてあげるよ。
　　3　せっかくの休みじゃないか。君がどかしてくれよ。

....

5番　🎧 MP3 N2-2-29　　　［答え：**3**］

M：おい。育てていた花が枯れたからって、そんなに泣くことないじゃないか。

F：1　私の気持ち、分かってくれるのね。
　　2　まあ。あなたまで感激しちゃったのね。
　　3　あなたからすると植物でも、私には子どもと同じなの！

....

6番　🎧 MP3 N2-2-30　　　［答え：**3**］

M：悪いね、部長は今から会議に入るところだから、ちょっと時間が取れないんだよ。

F：1　ありがとうございます。少しの時間で大丈夫です。
　　2　では、会議室で待てばよろしいですね。

3　お手間は取らせません。せめてごあいさつだけでも。

7番　🎧MP3 N2-2-31　　　答え：**1**

F：林さん、どう？　行列のできる有名店のデザートのお味は？

M：1　うーん、高いわりにはおいしくないかも。
　　2　ああ、高いだけに結構、味気ないね。
　　3　このプリン、高いばかりか、わびしいよ。

8番　🎧MP3 N2-2-32　　　答え：**3**

M：あれ？　今日は朝から冷房がよく効いてるね。

F：1　ええ、よく効いてからつけておいたから。
　　2　そうね。今年の夏は、涼しくて過ごしやすいわ。
　　3　涼しいというより、むしろ寒いくらいだわ。

9番　🎧MP3 N2-2-33　　　答え：**1**

F：鈴木さん、手作り弁当にチャレンジしてるんだって？

M：1　手作りとはいっても、冷凍食品がほとんどだよ。
　　2　手作りにしては、「母の味」だけどね。
　　3　手作りというと、まさしく日本料理だね。

10番　🎧MP3 N2-2-34　　　答え：**1**

F：みんなに当てはまることなのに、なんで私だけ注意されたんだろう。

M：1　それは、君がいつも反抗的だからじゃないかな。
　　2　僕も注意するから心配しないで。
　　3　そっか。みんな当てちゃったのか。

11番　🎧MP3 N2-2-35　　　答え：**1**

F：お客様、こちらのレジで承ります。

M：1　すみません、先ほど買った靴を返品したいのですが。

2　はい、お世話になります。

3　はい、お待たせして申し訳ありません。

12番 🎧 MP3 N2-2-36 　　　　　　　　　　　　　　 [答え：1]

F：渡辺さん、週末にまたスカイダイビングを？　私、やりたがる人の気が知れないわ。

M：1　だったら教えてあげるよ。一度来てみて。

　　2　ほらね、やりたくなってきただろ？

　　3　やりたかったなら言ってくれればよかったのに。

問題5 ―――――――――――――――――――――――――――――

1番 🎧 MP3 N2-2-38 　　　　　　　　　　　　　　　 [答え：3]

人事部の社員がオフィスで話しています。

M：わが社で男性の育児休暇制度を始めてから1年ですが、まだほとんど活用されていないようですね。

F：はい。先日お子さんが誕生した同期も、休んだら同僚に迷惑をかけてしまうと考えて、まだ取れていないそうです。周りの理解がないと、どうしても休暇は取りにくいですよね。

M：そのようですね。さまざまな部署の部長からも、男性の育休制度とはどういうものなのか具体的に教えてほしいという問い合わせも来ていますし、上司もどう動いたらいいか分からないのでしょう。

F：社内アンケートを実施し、何が問題なのかを明らかにして、制度の詳細を今一度、広く知らせた方がいいのではないでしょうか。

M：そうですね。実際に何が休暇取得の妨げになっているのか社員の声を集めるのは重要ですね。では、佐々木さん、アンケート項目をいくつか検討して挙げてもらえますか。

F：はい、分かりました。少し考えたいので、今週いっぱいお時間を頂いてもよろしいですか。

M：もちろんです。ある程度まとまったら、私にメールで送ってください。

何について話していますか。

1　育児休暇の重要性

2　育児休暇に関する調査結果

3　育児休暇が活用されない理由
4　育児休暇制度を始めた理由

....

2番 🎧 MP3 N2-2-39 [答え：2]

家で妻と夫が、ホテルでの朝食について話しています。

F：ねえねえ、ロイヤルホテルの朝食ビュッフェに行かない？

M：ホテルの朝食？　ホテルに泊まるってこと？

F：ううん。宿泊しなくても、朝食だけ食べに行けるのよ。

M：なんでわざわざ朝ご飯食べに行くわけ？

F：よくぞ、聞いてくれました。ロイヤルホテルの朝食って、今いろんな雑誌に取り上げられていて有名なんだ。

M：へえ、何が有名なの？

F：まずパンがおいしいんだって。小麦やバターなんかはフランスから取り寄せていて、焼きたてパンが食べ放題なの。野菜は全部地元の有機野菜でね、食材の厳選ぶりがすごいのよ。

M：そうなんだ。すごいこだわりがあるんだね。

F：コーヒーや紅茶はそこでしか飲めないものを集めていて、自家製スムージーは種類がたくさんあるんだって。ね、朝から優雅じゃない？　行こうよ。

M：いいけどさ。いったい朝ご飯にいくらかけるつもり？

F：まあ、たまにはいいじゃない。本当に人気だから、予約が取れないかもしれないし。

M：分かったよ。予約が取れないことを祈るよ。

女の人は、どうしてホテルの朝食を食べに行きたがっていますか。

１　宿泊した人だけが特別に食べられるから
２　予約が取れないほどの人気だから
３　ホテルの朝食にしては安いから
４　男の人が強い関心を見せたから

....

3番 🎧 MP3 N2-2-41

お祝い金の相場を伝えるニュースを見て、男の人と女の人が話しています。

F１：もうすぐ卒業・入学のシーズンですね。子どもたちの成長の節目をお祝いしてあげたいと思う方も多いでしょう。お祝いは、やはり現金が無難なようで、受け取る側からも一番喜ばれるようです。さて、そのお祝い金、最近の相場は一体いくらか、

ご存じですか。

まず、小学校の入学祝いは１万円から３万円、中学校の入学祝いを、祖父母が孫に贈る場合は１万から10万円、親戚の子どもに贈る場合には１万円から３万円となっています。高校の入学祝いの場合も同額です。

大学の入学祝いは少し金額が上がりまして、祖父母が孫に贈る場合は３万円から30万円、親戚の子どもに贈る場合には１万円から５万円となっています。

祖父母が贈る金額にかなりの幅があるのは、子どもに直接渡すお小遣いとしてだけでなく、教育資金の援助や入学準備の費用として渡す場合があるからです。特に大学進学で一人暮らしを始めるときなどは、パソコンを買う費用を援助したり、家具や電化製品を購入したりするため、入学祝いがかなり高額になるようです。

M ：ほほお、最近の入学祝いは結構高いな。僕なんか高校入学の祝いで５千円だった気がする。

F２：あなたの頃とは時代が違うじゃないの。それより、お義姉さんのところのタケシ君とサヨちゃん、今年同時に卒業よね。お祝い、どうする？

M ：サヨちゃんももう高校生か。あんなに小さかったのに、時が経つのは早いね。うーん……、相場の最低額でいいんじゃないか。僕たちが無理することはないよ。

F２：そうね。で、タケシ君はどうする？　大学受験に失敗して、浪人することになったじゃない？

M ：そうだな……。でも、これから参考書とか、いろいろ物入りだろ。何もあげないってのも気まずいよな。

F２：そういう場合は入学祝いじゃなくて、高校卒業祝いとして渡すらしいわ。

M ：なるほどね。サヨちゃんと同じって訳にはいかないし、高校の入学祝いの相場の……、最高額にしよう。

質問１　サヨちゃんへの入学祝いに、いくらあげることにしましたか。　　［答え：**1**］

質問２　タケシ君への卒業祝いに、いくらあげることにしましたか。　　［答え：**2**］

\ 超実戦的！/
JLPT リアル模試 N2

発行日　　2023年4月14日（初版）

書名　　　JLPT リアル模試 N2

著者　　　AJ オンラインテスト株式会社

編集　　　株式会社アルク日本語編集部

編集協力　今野咲恵

翻訳　　　AJ オンラインテスト株式会社（韓国語）

　　　　　Do Thi Hoai Thu（ベトナム語）

　　　　　ロガータ合同会社（英語、中国語）

AD・デザイン　二ノ宮匡（nixinc）

録音・編集　AJ オンラインテスト株式会社、株式会社メディアスタイリスト

ナレーション　AJ オンラインテスト株式会社、菊地信子

DTP　　　株式会社創樹

印刷・製本　日経印刷株式会社

発行者　　天野智之

発行所　　株式会社アルク

　　　　　〒102-0073　東京都千代田区九段北 4-2-6 市ヶ谷ビル

　　　　　Website：https://www.alc.co.jp/

落丁本、乱丁本は弊社にてお取り替えいたしております。
Web お問い合わせフォームにてご連絡ください。
https://www.alc.co.jp/inquiry/

・本書の全部または一部の無断転載を禁じます。
　著作権法上で認められた場合を除いて、本書からのコピーを禁じます。
・定価はカバーに表示してあります。
・訂正のお知らせなど、ご購入いただいた書籍の最新サポート情報は、
　以下の「製品サポート」ページでご提供いたします。
　製品サポート：https://www.alc.co.jp/usersupport/

PC: 7023013
ISBN: 978-4-7574-4023-4

地球人ネットワークを創る

アルクのシンボル
「地球人マーク」です。

N2

言語知識（文字・語彙・文法）・読解
（105分）

注　意
Notes

1.　試験が始まるまで、この問題用紙を開けないでください。
   Do not open this question booklet until the test begins.

2.　この問題用紙を持って帰ることはできません。
   Do not take this question booklet with you after the test.

3.　受験番号と名前を下の欄に、受験票と同じように書いて
   ください。
   Write your examinee registration number and name clearly in each box below as
   written on your test voucher.

4.　この問題用紙は、全部で31ページあります。
   This question booklet has 31 pages.

5.　問題には解答番号の　1 、 2 、 3 … が付いています。
   解答は、解答用紙にある同じ番号のところにマークして
   ください。
   One of the row numbers 1 , 2 , 3 … is given for each question. Mark your
   answer in the same row of the answer sheet.

受験番号　Examinee Registration Number	

名　前　Name	

問題1 _____の言葉の読み方として最もよいものを、1・2・3・4から一つ選びなさい。

1 家から大学が遠いので、大学の近くで下宿することにした。　👑👑👑

　　1　かしゅく　　　　2　かじゅく　　　　3　げじゅく　　　　4　げしゅく

2 体調が悪かったので、友達の誘いを断った。　👑👑👑

　　1　たった　　　　　2　ことわった　　　　3　きった　　　　　4　あやまった

3 お客様の個人情報は厳重に管理されています。　👑👑👑

　　1　けんじゅう　　　2　げんちゅう　　　　3　げんじゅう　　　4　けんちゅう

4 しょうゆを入れすぎて、料理の味が濃くなってしまった。　👑👑👑

　　1　うすく　　　　　2　からく　　　　　　3　こく　　　　　　4　まずく

5 冬は湿度が低く、乾燥するので、加湿器が必要だ。　👑👑👑

　　1　おんと　　　　　2　おんど　　　　　　3　しつと　　　　　4　しつど

問題2 _____の言葉を漢字で書くとき、最もよいものを1・2・3・4から一つ選びなさい。

6 どんなにつらくても、弟はいつもほがらかだ。 👑👑👑

    1 柔らか   2 清らか   3 朗らか   4 廊らか

7 レポートの提出きげんは来週までです。 👑👑👑

    1 機限   2 基限   3 期間   4 期限

8 ハトは平和のしょうちょうだと言われている。 👑👑👑

    1 象徴   2 象調   3 証徴   4 証調

9 台風で明日の決勝戦はえんきになった。 👑👑👑

    1 演技   2 遠期   3 延期   4 延技

10 落ち込んでいる友達をなぐさめるため、一緒に買い物に行った。 👑👑👑

    1 辞める   2 恵める   3 慰める   4 確かめる

問題3 （　　　）に入れるのに最もよいものを、1・2・3・4から一つ選びなさい。

11 今から、首都（　　　）の交通情報をお伝えします。　　　👑👑👑

　　1 域　　　　　2 地　　　　　3 内　　　　　4 圏

12 サッカー日本代表チームの練習は（　　　）公開で行われた。　👑👑👑

　　1 反　　　　　2 非　　　　　3 不　　　　　4 未

13 このアパートは家具（　　　）です。　　　👑👑👑

　　1 含み　　　　2 入り　　　　3 付き　　　　4 着き

14 こちらは決裁（　　　）みの書類です。　　👑👑👑

　　1 終　　　　　2 完　　　　　3 済　　　　　4 過

15 今日のドルの両替（　　　）はいくらですか。　👑👑👑

　　1 レト　　　　2 レート　　　3 ラテ　　　　4 ラーテ

問題4 （　　　　）に入れるのに最もよいものを、1・2・3・4から一つ選びなさい。

16 昨日、弟が魚を（　　　　）しまったので、食べられませんでした。　　♛♛♛
　　1　焼いて　　　　　2　焦がして　　　　3　転がって　　　　4　作って

17 日本の電車は（　　　　）時間どおりに目的地に到着する。　　♛♛♛
　　1　うんと　　　　　2　なお　　　　　　3　じっと　　　　　4　ほぼ

18 休日だからといって、そんな（　　　　）格好で出かけるのはやめてほしい。　　♛♛♛
　　1　だらしない　　　2　あつかましい　　3　やかましい　　　4　くだらない

19 大勢の前なので（　　　　）しまい、何も言えなかった。　　♛♛♛
　　1　ねだって　　　　2　くだって　　　　3　あがって　　　　4　たもって

20 その行事は（　　　　）月の5日に開催しているので、次は3月5日だ。　　♛♛♛
　　1　点数　　　　　　2　少数　　　　　　3　奇数　　　　　　4　偶数

21 夕べ、寝る前に目覚まし時計を朝7時に（　　　　）してから寝た。　　♛♛♛
　　1　カレンダー　　　2　セット　　　　　3　スケジュール　　4　クリック

22 学校で出席をとるときは50音（　　　　）で呼ばれます。　　♛♛♛
　　1　順　　　　　　　2　番号　　　　　　3　順番　　　　　　4　順序

問題5 ＿＿＿の言葉に意味が最も近いものを、１・２・３・４から一つ選びなさい。

23 連絡を受けた救急隊員達は<u>ただちに</u>準備を始めた。　♔♔♔

1　いっそう　　　　２　あわてずに　　　３　いったん　　　　４　すぐに

24 あれだけ手伝ってもらったのにお礼も言わないなんて、なんて<u>あつかましい</u>のかしら。　♔♔♔

1　こまかい　　　　２　ずうずうしい　　３　まずしい　　　　４　むずかしい

25 駐車場にある荷物を早く<u>どけて</u>ください。　♔♔♔

1　積んで　　　　　２　移動させて　　　３　送って　　　　　４　片づけて

26 上司は<u>サンプル</u>のように作ることを指示した。　♔♔♔

1　見習い　　　　　２　手本　　　　　　３　見本　　　　　　４　展示

27 今年度から全く<u>畑違い</u>の仕事をすることになってとても不安だ。　♔♔♔

1　農業分野　　　　２　デザイン分野　　３　さまざまな分野　４　異なった分野

問題6 次の言葉の使い方として最もよいものを、1・2・3・4から一つ選びなさい。

28 こっそり 👑👑👑

1 汗まみれになって、シャワーを浴びたら、こっそりした。

2 遅刻したので、教室の後ろのドアからこっそり中に入った。

3 言いたいことは大声でこっそり話さないと。

4 このバッグは、私にこっそりだ。

29 温厚 👑👑👑

1 その店は温厚な雰囲気があって大人気だ。

2 大雨の後、温厚な天気にめぐまれ、遠足に行くことが決まった。

3 大変な時、彼に助けてもらって温厚な気分になった。

4 彼女は温厚な性格からみんなに愛されている。

30 属する 👑👑👑

1 人生とは、属して言うと、旅行のようなものだ。

2 友人に属して、宿題をみてもらった。

3 明日からの旅に属して、今夜は早く寝ましょう。

4 人間は誰もが何らかの集団に属している。

31 下る 👑👑👑

1 あれだけ頑張ったのに、成績は下った。

2 前に出過ぎたので後ろへ下った。

3 彼女がくれた薬を飲んだら熱が下った。

4 自転車に乗って坂を下った。

32 最中 👑👑👑

1 テレビに最中しすぎて、母の声が聞こえなかった。

2 仕事をしている最中に友達から電話が来た。

3 最近、彼女はイタリア語の勉強に最中になっている。

4 娘は最中してテレビを見ていた。

問題7 次の文の（　　　）に入れるのに最もよいものを、1・2・3・4から一つ選びなさい。

33 男性も家事（　　　）はできて当たり前の時代だ。　　　👑👑👑
　　1　まで　　　　　　　2　きり　　　　　　3　ほど　　　　　　4　ぐらい

34 酒を飲んで大声を出すのは近所の人にとって迷惑（　　　）。　　👑👑👑
　　1　しかない　　　　　　　　　　　　2　でしかない
　　3　だけない　　　　　　　　　　　　4　だけしかない

35 バイトをしなくても（　　　）ほどの貯金はあるから、勉強に集中できる。👑👑👑
　　1　なんとかやっていける　　　　　　2　なんともやっていけない
　　3　なんとかやっていけない　　　　　4　なんともやっていける

36 服をたくさん買ったが、外に出かけることがなく、結局（　　　）すべて捨てることになってしまった。　　👑👑👑
　　1　着ずじまいで　　　　　　　　　　2　着ざるを得なくて
　　3　着ずにいられなくて　　　　　　　4　着ねばならなくて

37 この課題を終わらせて（　　　）、どこにも遊びに行けない。　　👑👑👑
　　1　いるとしたら　　　　　　　　　　2　いるかぎり
　　3　はじめて　　　　　　　　　　　　4　からでないと

38 木村支店長が戻られるまで、こちらで（　　　）よろしいでしょうか。👑👑👑
　　1　待たせていただけても　　　　　　2　待たれていただけても
　　3　待たせていただいても　　　　　　4　待たれていただいても

39 こんな経験は、もう二度（　　　　）したくない。

1　も　　　　　　　2　と　　　　　　　3　きり　　　　　　4　しか

40 先ほど、張本教授から（　　　　）木村と申します。

1　紹介しておいでになった　　　　　　2　紹介させてくださった

3　ご紹介なさった　　　　　　　　　　4　ご紹介いただいた

41 数十年（　　　　）、両国の間で領土問題についての議論が続けられている。

1　にかけて　　　　　　　　　　　　　2　にわたって

3　に応じて　　　　　　　　　　　　　4　において

42 家族に心配を（　　　　）、毎日実家に電話をかけている。

1　かけまいと　　　　　　　　　　　　2　かけさせまいと

3　かけかねと　　　　　　　　　　　　4　かけさせかねると

43 友達の愚痴を（　　　　）のはもうごめんだ。

1　聞きたがる　　　　　　　　　　　　2　聞いてあげる

3　聞かされる　　　　　　　　　　　　4　聞かせてもらえる

44 結局、あの二人が別れたのは、彼女が彼氏の信頼を（　　　　）だろうか。

1　失いようがないもの　　　　　　　　2　失うどころではないから

3　失ったためではない　　　　　　　　4　失わずにはいられないから

問題8　次の文の___★___に入る最もよいものを、1・2・3・4から一つ選びなさい。

（問題例）

　　あちらで_____　_____　___★___　_____が田中さんです。

　　　1　新聞　　　　2　人　　　　3　読んでいる　　　　4　を

（解答のしかた）

1．正しい文はこうです。

　　あちらで_____　_____　___★___　_____が田中さんです。

　　　　　　　　1　新聞　　　4　を　　　3　読んでいる　　　2　人

2．___★___に入る番号を解答用紙にマークします。

　　　　　（解答用紙）　　（例）　①　②　●　④

45　週末はどこに行っても混むから、外出_____　_____　___★___　_____家でゆっく

　　り休みたい。

　　　1　むしろ　　　　　　2　なんか　　　　　3　よりも　　　　　4　する

46　私がかぜをひいた時、彼女は私の家へ___★___　_____　_____　_____作ってくれ

　　たんです。

　　　1　料理まで　　　　　　　　　　2　お見舞いに

　　　3　だけでなく　　　　　　　　　4　来てくれた

47 部長「もう少しで契約できるところだったのにどうしてくれるんだ。」

社員「申し訳ございません。今後このような ＿＿＿ ＿＿＿ ★ ＿＿＿ 努力

いたします。」 ♛♛♙

1　起きない　　　　2　ように　　　　3　ことが　　　　4　二度と

48 この時間は家にいたと言っていたのに ＿＿＿ ＿＿＿ ★ ＿＿＿ 説明してく

れないか。 ♛♙♙

1　事務所に　　　　2　わけなのか　　　3　いたのは　　　　4　どういう

49 当時、友達にすごく腹が立っていて ＿＿＿ ＿＿＿ ★ ＿＿＿ と考えたぐら

いだった。 ♛♛♙

1　殴って　　　　　2　殴れる　　　　3　ものなら　　　　4　やりたい

問題9 次の文章を読んで、文章全体の内容を考えて、 50 から 54 の中に入る最もよいものを、1・2・3・4から一つ選びなさい。

　福岡市では夜間にごみ出しが行われます。夜間のごみ収集は明治時代から始まり、当時のごみ収集は政府ではなく、民間が行っていました。民間といっても、主には農家の人たちが収集を行っていました。なぜなら、その当時の生ごみは、野菜の肥料や動物のエサになる貴重なものだったからです。昼間にごみを収集すると本業に影響が 50 、当時は早朝に近くのごみを収集していました。そして戦後、経済発展と人口の増加に伴ってごみが急増し、衛生上の問題も出てきたため、自治体がごみの収集を行うようになりました。

　しかし、自治体でごみを管理 51 今でも朝から昼ではなく夜にごみの収集が行われている理由は、交通渋滞が少なく、地域パトロールの効果がある、そしてカラスの被害を減らせるなどのメリットがあるからです。もちろん、これは市民にとっても好都合で、朝バタバタしなくて済む、晩ご飯の生ごみを置いておかなくてもいいなどのメリットがあります。

　一方で、作業員の深夜手当がかかるというデメリットもあります。ある調査では、その人件費は6億円にもなると 52 。朝の収集に切り替えるだけで人件費を減らすことはできますが、住民の住みやすさを重視して今でも続けられています。 53 、ごみ収集では「オーライ」や「ストップ」など作業員同士のコミュニケーションが重要ですが、夜間ではこの掛け声が苦情を生むため、車の後方にマイクをとりつけ改善したといいます。このような心配り、工夫 54 、市民の満足度は100%に近いといいます。これが、「福岡が暮らしやすい」と評される理由なのでしょう。

（注1）ごみ収集：ごみを集めること
（注2）メリット：良い点
（注3）手当：基本の給料の他に支払われるお金
（注4）デメリット：欠点

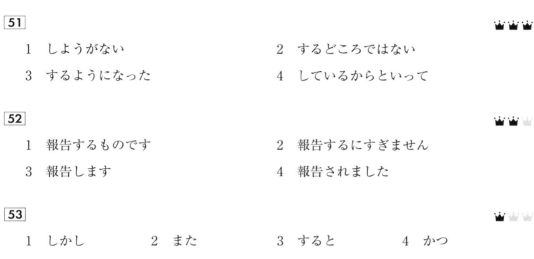

50

1 出るため 　　　　　　 2 出るのみならず

3 出るばかりか 　　　　　 4 出るのにこたえて

51

1 しようがない 　　　　　 2 するどころではない

3 するようになった 　　　 4 しているからといって

52

1 報告するものです 　　　 2 報告するにすぎません

3 報告します 　　　　　　 4 報告されました

53

1 しかし 　　　 2 また 　　　 3 すると 　　　 4 かつ

54

1 のおかげで 　　 2 のせいで 　　 3 だけに 　　 4 のことだから

文法

第1回

15

問題10 次の(1)から(5)の文章を読んで、後の問いに対する答えとして最もよいものを、1・2・3・4から一つ選びなさい。

(1) 　　　　　　　　　　　　　　　　　　　　　　　　　　　　👑👑👑

　作文を書く時に大切なのはテーマだ。何について書くのかを考えることが重要である。題目を先に書こうとしてはいけない。内容が決まらないうちに題目で悩むのは意味がないからだ。次に構成だ。作文は起承転結で書かなければならない。起承転結とは話の内容を四つに分けることで、作文の場合はまずテーマの紹介、テーマの本題、テーマの展開、まとめという流れになる。これは小学生から大人まで共通する文章の書き方の基本である。

55　この文章の内容と合っているものはどれか。
　1　作文を書いた後に題目で悩むのは時間の無駄である。
　2　作文で最も大切なのは構成で、何について書くのかが重要である。
　3　起承転結という構成を大人になるまで続けなければならない。
　4　起承転結とは話の内容を四つに分けて書く作文の基本である。

(2)

　空に浮かぶ白い雲。雲はどうやってできるのだろう。地表や海が太陽の熱で温められると水が蒸発して水蒸気になり、空気中のちりなどと混ざりながらちりと一緒に空へと運ばれる。すると空は気圧が低いため、上昇した空気は膨張し、温度が下がる。そして空で水蒸気が小さな水の粒である水滴に変わる。その水滴が集まって空に浮かんだものが雲である。また雲にはさまざまな種類があり、その形だけではなく雲ができる高さによっても分けられている。

（注）膨張する：規模が広がって大きくなること

56　この文章の内容と合わないものはどれか。

　　1　空は気圧が低いため上昇した空気はふくらむ。

　　2　空へ行くほど気温が下がるため水蒸気が水に変わる。

　　3　太陽の熱で温められた空気は上昇する。

　　4　水蒸気は小さな粒である水滴のことをいう。

パークヒルズにお住まいの皆様

　現在、パークヒルズ管理組合の理事が中心となって国道4号線横の並木道の美化と住みやすい環境づくりを目指して、ごみ拾いを行っております。そこで、居住者間のコミュニケーションを増やすためにも4月10日（日）10時からのごみ拾いのボランティアを募集します。気候もよくなりましたので、たくさんの方のご参加をお待ちしております。なお、ご参加の際は軍手、マスク、帽子は各自でご準備ください。雨の場合は翌週に延期になります。

パークヒルズ管理組合

57 この文書の題目（だいもく）として合っているものはどれか。

1　持ち物の注意点と雨が降る日の作業延期のお知らせ

2　ごみ拾いボランティア参加のお願い

3　住民間のコミュニケーションについて

4　気候がよくなったので外に出る時の注意

(4)

　日本のインターンシップ制度は海外と大きく異なる。会社の一員として働くのではなく、会社で働くということを経験するのが主な目的である。期間も短く1日から数週間が主流である。またインターンシップを経験した会社での就職が有利になるとは限らない。日本企業の多くは学生を受け入れることで、社員の負担が増え、仕事に支障が出ることを心配しているが、それはお客様のように扱うからそうなるのだ。優秀な社員を確保するには柔軟性のある対策が必要になってくるだろう。

58　この文章でインターンシップの説明として正しいものはどれか。

　1　日本のインターンシップの期間は数か月にわたる場合が多い。

　2　日本のインターンシップでは仕事の経験を積むことが目的である。

　3　日本企業は優秀な人を得るために積極的に制度を利用している。

　4　日本企業は学生を会社の一員と考えておらず、負担に感じている。

(5) 👑👑👑

　秋分の日には「祖先をうやまい、亡くなった人々をしのぶ」という意味がある。秋分の日が近づくと、家族でお墓参りに行く人が多く見られる。その際のお供え物は、日本の伝統菓子であるおはぎが定番だが、それにはいくつか理由がある。おはぎに使われる小豆は、病気などの悪い気を払ってくれると言い伝えられている。また、砂糖はかつて貴重であったため、おはぎは先祖にお供えするのに上等な品とされた。秋分の日の行事食であるおはぎを食べる習慣には、こうしたさまざまな由来がある。

59　この文章の内容と合っているものはどれか。

　1　おはぎには、病気を治してくれる効果がある。

　2　お墓参りには、必ずおはぎを持って行かなければならない。

　3　おはぎに使われる材料は昔、高級品だった。

　4　おはぎは長生きを祝う日本の伝統菓子だ。

問題11 次の(1)から(3)の文章を読んで、後の問いに対する答えとして最もよいものを、1・2・3・4から一つ選びなさい。

(1)

　ミツバチの役割を知っているだろうか。実は、世界から彼らがいなくなると、我々の食
生活に深刻な問題が起こると言われている。

　ミツバチが花蜜からはちみつを作り出すことは誰もが知っている事実だが、それだけで
なく、果実の受粉を媒介する役割をも担当する。ミツバチが植物の蜜を集める訪花活動の
過程で植物の受粉が行われ、作物が実る。2011年に発表された国連環境計画では、「世界
の食料の9割を占める100種類の作物種のうち、7割はハチが受粉を媒介している」と報
告されている。すなわち、ミツバチがいなくなると、果物や野菜、ナッツなどの栄養価の
高い作物が生産されなくなり、将来、深刻な飢餓と栄養失調をもたらすのだ。もちろん、
他の虫も受粉を媒介するが、ミツバチは機動性が高く、対象とする植物がはるかに多い。

　しかし、そんな優秀なミツバチが近年少なくなっている。理由はさまざまだが、最も大
きな原因として「農薬」が挙げられる。すでに北米やヨーロッパでは、ミツバチを守るた
めに、彼らへの毒性が高いネオニコチノイド系農薬の使用を禁じているが、日本ではむし
ろ規制緩和を行い、農業生産性の向上のために現在もなお使用されている。各国での規制
が進む中、日本はまだ農薬問題への関心が低いままなのだ。

　ミツバチは小さな生き物ではあるが、その恩恵は計り知れない。今後は、生態系を底支
えする彼らの重要性をしっかりと理解して、守る対策が必要となるだろう。

60 ①ミツバチの役割として正しくないものはどれか。

1 花の蜜を集める。

2 羽を使って植物に新鮮な空気を与える。

3 植物の受粉を助ける。

4 花の蜜を巣に持ち帰りはちみつを作る。

61 ②ミツバチが近年少なくなっている理由として正しいものはどれか。

1 外国から来た虫によって食べられてしまったから。

2 人へ害を与えるため殺虫剤で殺しているから。

3 ミツバチへの毒性が高い農薬が使われているから。

4 年に一度、夏の時期しか活動しないから。

62 ③その恩恵が指すものはどれか。

1 ミツバチのおかげで人間が生きていけること

2 ミツバチのおかげで農業生産性が向上したこと

3 ミツバチのおかげで栄養価の高い作物が食べられること

4 ミツバチのおかげで生産コストが低くなったこと

（2）　　　　　　　　　　　　　　　　　　　　　　　　　　　👑👑👑

　事故や病気などで本来の役割を果たせなくなった体の組織や臓器に対しては、今までなら薬を投与したり、移植をするしか選択肢がありませんでしたが、近年は細胞が持っている自然治癒力を利用して機能を回復させる医療技術が注目を浴びています。それが「再生医療」です。「再生医療」による治療は、国が承認しているものや臨床治験段階のものも多くあります。

　「再生医療」のメリット（注1）は何でしょうか。一つ目は細胞の再生能力を活用するため組織や臓器が健康な状態に戻り、根本的（注2）な治療が可能になることです。二つ目は「再生医療」では自分の細胞を培養して患者に移植するため拒絶反応や副作用がほとんどないことです。最後は、大手術をしなくても済む場合が多く、患者の体にかかる負担を最小限にできることです。

　一方、「再生医療」はまだ研究段階のものが多く、ほとんどが保険（注3）適用外の治療で全額自己（注4）負担の自由診療となります。そのため「再生医療」を受ける場合、費用が高額になります。また「再生医療」自体研究が始まってまだ50年くらいしかたっておらず、人に対しての症例数があまりありません。そのため効果や安全性がしっかり確認されていないものが多いのが現実です。

（注1）メリット：良い点
（注2）根本：物事が成立する基礎になるもの。
（注3）保険：健康保険。多数の者がお金を出し合い、それをもって病気や怪我の人に一
　　　　　　　定金額を支払う制度。
（注4）自己：自分、自身。

63 「再生医療」について当てはまるものはどれか。

1 「再生医療」とは細胞の自然回復力を活用した治療方法だ。

2 「再生医療」とは一時的に症状を改善してくれる治療方法だ。

3 「再生医療」はいまだに研究段階で一つも実用化されてない。

4 「再生医療」は病気の臓器を薬で治療することを目指している。

64 「再生医療」のメリットに当てはまらないものはどれか。

1 臓器を元気な状態に回復させる根本治療が可能になる。

2 自分の細胞を使うため拒絶反応や副作用がほとんどない。

3 細胞の再生力は限界があるため根本治療は難しい。

4 大きな手術が必要なことが減り、患者への負担が少なくて済む。

65 「再生医療」の問題点について当てはまるものはどれか。

1 ほとんど保険適用になるがそれでも費用が高い。

2 ほとんどが自由診療となるため、患者の負担が増える。

3 全て安全で効果も確かだが、患者たちが不安に思っている。

4 50年しか研究してきていないので、全く人に使ったことがない。

(3) ♕♕♕

　最近、子ども手当に関して疑問の声が上がっている。現在独身のユリさんは、「私立の
幼稚園に高級車で送り迎えをしているような家にどうして子ども手当が必要なの？」と誰
にでも同じように支給する方法には<u>どうしても納得できない</u>と訴える。
　　　　　　　　　　　　　　　　　　　　①

　「子ども手当はフランスの真似をしたと聞いていますけど、フランスでは子ども手当は
家族手当といい財産や収入の制限はありません。でも家族手当がもらえるのは第2子から
で、20歳まで支給され、3人目からは割増の家族手当がもらえるそうです。子ども手当が
少子化対策を目的にしたものなら、フランスのように2人目から手当を出すべきではない
ですか」

　それに少子化対策と言われながら、子ども手当を頼って出産しようという声は聞かな
い。

　「今から結婚してもすぐに子どもができるとは限らないし、無事出産した時には子ども
手当はなくなっているかもしれないですよね」

　確かに<u>その可能性</u>もないわけではない。
　　　　　②

　もしこのまま子ども手当をばらまかれれば、将来子ども手当をもらった子どもたちが増
税という形でつけを払わされる心配もある。また、子ども手当の一部を負担しなければな
らない地方自治体からも不満の声が上がっている。今後、子ども手当はどうなってしまう
のか。しっかり見守りたい。

（注1）子ども手当：子育てを社会全体で支援するためのお金。
（注2）出産：子を産むことあるいは子が生まれること。

66 ①どうしても納得できないと言っているのはなぜか。

1 養育費用を十分確保できる余裕のある家庭にも子ども手当が支給されるから。

2 子ども手当が少子化対策の直接的な解決策にならないのに支給されるから。

3 子どもが3人以上いても割増の手当が支給されないから。

4 子ども手当が20歳までしか支給されないから。

67 ②その可能性とは何か。

1 自分の子どもたちが将来増税を負担すること

2 少子化対策のために子どもの出産を強要されること

3 子ども手当の額を減らされること

4 出産したにもかかわらず子ども手当がもらえないこと

68 子ども手当が誰にでも同じように支給されることで起こりうる問題点は何か。

1 私立の幼稚園に高級車で通う子どもが増えること

2 将来、増税という形で現在の子どもたちの負担となること

3 子ども手当を当てにして出産しようとする女性が増えること

4 子どもが増えるたびに地方自治体が割増の手当を支給しないといけなくなること

問題12 次のＡとＢの文章を読んで、後の問いに対する答えとして最もよいものを、1・2・3・4から一つ選びなさい。 👑👑👑

Ａ

　　給料は安いけどやりがいのある仕事、給料は高いけど全くやりがいのない仕事、働くならどっちがいいかというテーマで議論することがあるが、まったく意味がない。給料が高いのがいいに決まっている。やりがいのない仕事は長く続けられない、金のために働くことなんて苦痛でできない、と言う人がいるが、そういう人はきっと社会で働いたことがないのだろう。満足のいく高い給料をもらうことができたならば、大抵のことは我慢できるものだ。高い給料がもらえれば、自分のやりたいことが自由にできるようになるではないか。そのために我慢をしてお金を貯めればいいのだ。人間の基本は経済である。安定した生活ができないのにやりがいを求めてもそのうち疲れてしまう。

Ｂ

　　給料は安いけどやりがいのある仕事、給料は高いけど全くやりがいのない仕事、働くならどっちがいいかというテーマで議論することがあるが、私は「給料が安くてもやりたいことをした方がいいよ」と子どもに教えている。仕事はやってみたいことをやる方がパフォーマンスが上がる、つまり効率がよくて結果が出るということだ。若い時は給料が安くて文句ばかり言っていたが、実は仕事が楽しかった。だからたくさん勉強して、だんだん技術が上がっていくと、だんだん給料も高くなっていった。お金はもちろん大切だが、もし新しく仕事を始めるなら、自分の興味があることから始めて成長していくことを目標にするのがいいと思う。

69 A と B の意見で正しいものはどれか。

1 B は働いてみないとわからないので、とにかく働いた方がいいと言っている。

2 A も B も、お金をかせぐことが一番大事であると言っている。

3 A も B も、やりがいを重視することが大切であると言っている。

4 A はお金があれば自由になれて生活が安定すると言っている。

70 A と B のどちらの文章にも触れられていない点は何か。

1 仕事にやりがいか、お金かを求める価値観は人によって違う。

2 高い給料をもらっても、やりがいがなければ文句が出る。

3 仕事をしたことのない人は理想を言いがちだ。

4 やりがいのある仕事をした方が結果が期待できる。

問題13 次の文章を読んで、後の問いに対する答えとして最もよいものを、1・2・3・4から一つ選びなさい。　　👑👑👑

　お風呂は数ある日本文化の中の一つだ。一日の終わりに、入浴をせずには気が済まないという人も少なくないだろう。入浴は単に体を清潔にするだけではなく、健康にも良いと考えられており、現代では科学的にも証明されている。では入浴にはどんな効果があるだろうか。

　まずよく知られているのは疲労回復効果だ。入浴をすると温浴効果によって、手や足の神経が拡張し、血行が良くなる。それだけでなく、固まった筋肉や関節もほぐされるため、体の疲れをなくしてくれるのだ。また入浴をすると水圧により、肺が押されて心肺機能が高まる。心肺機能が高まるとリンパや血の巡りが良くなり、これも疲労回復に大きく影響する。

　次に就寝前の入浴は質の良い睡眠につながることが分かっている。質の良い睡眠をとるためには皮膚温度は高く、脳や内臓といった深部温度は低いのが理想的だ。入浴はその理想的な体の温度を維持するのに大きな効果がある。ただ、寝る直前の入浴は体の体温が高すぎて逆効果になるため、入浴は就寝の1〜2時間前に済ませておくのが良いとされている。

　普通より少ないお湯で入浴する半身浴は、体内に溜まった毒素を放出するデトックス効果がある。普通の入浴に比べ、半身浴はサウナのようにじんわりと体を温める効果があるため、汗もかきやすい。汗は老廃物を体の外へ排出する役目もあるため、美肌効果やダイエット効果も期待できる。

　さらに入浴は体の調子を良くするだけでなく、気持ちを安定させる効果もあることが分かっている。最近ではさまざまな香りの入浴剤が売られており、これらはリラックス効果をさらに高める。その日の気分によって入浴剤を使い分けても楽しいだろう。忙しい毎日を送るあまり、疲れやストレス、睡眠不足などで悩んでいるのであれば、ぜひ入浴をおすすめしたい。

（注）肺：人の体で呼吸を担当する部分。

71　入浴の効果として当てはまらないものはどれか。

1　体が温まって血行がよくなる。

2　質の良い睡眠をとることができる。

3　体にたまった毒素(どくそ)を体外へ排出(はいしゅつ)できる。

4　心肺(しんぱい)機能が高まって運動しやすくなる。

72　ぐっすり眠るための入浴の方法として当てはまるものはどれか。

1　眠る直前に熱い湯につかるのが良い。

2　入浴してから眠るまで1～2時間あけた方が良い。

3　普通より少ないお湯で長い時間つかるのが良い。

4　リラックス効果を高めるために入浴剤(ざい)を使う。

73　この文章で筆者が最も言いたいことは何か。

1　入浴をすれば日常生活の色々な問題を改善することができる。

2　入浴をする時にはさまざまな香りの入浴剤(ざい)を使うのが良い。

3　日本人が入浴で健康を維持していることは科学的に証明されている。

4　日本人は入浴を体を清潔(せいけつ)に保(たも)つことではなく文化だと考えている。

問題14 右のページは、美容院のキャンペーンに関する案内である。下の問いに対する

答えとして最もよいものを、1・2・3・4から一つ選びなさい。 👑👑👑

---

74 キャンペーンの内容として正しいものはどれか。

1 口コミを投稿した日の翌月15日頃までに1000ポイントが付与される。

2 ポイントは付与された日から1か月以内に使わなければならない。

3 口コミ投稿キャンペーンは1人1回に限る。

4 ポイントは現金と同じように使うことができる。

---

75 今井さんは口コミを投稿したにも関わらずポイントが付与されなかった。その理由

として考えられるものはどれか。

1 投稿文字数が200文字以上だったから。

2 キャンペーン期間中の8月30日に行ったから。

3 3回目の投稿だったから。

4 予約日を変更したことによって来店が期間外になったから。

CUBE ビューティーサロン

1000ポイントプレゼント!!　口コミ投稿キャンペーン!!
（注）

① 予約時に当店アプリをダウンロード
② マイページの「口コミ投稿」からレビューを書く
③ 口コミ投稿が完了した翌月20日頃までに1000ポイントプレゼント

◆キャンペーン期間◆

6月1日～12月31日まで

◆ポイントについて◆

付与日：口コミ投稿が完了した翌月20日頃まで

有効期限：ポイント付与日から3か月目の10日まで

例）6月中に来店・6月中に口コミ投稿した場合、7月20日頃までにポイント付与、
　　10月10日期限

例）6月中に来店・7月中に口コミ投稿した場合、8月20日頃までにポイント付与、
　　11月10日期限

※キャンペーンポイントは口コミ1投稿に対し1回付与されます。キャンペーン期間中、
　おひとり様何度でもご参加いただけます。

※お持ちのポイント数はマイページの「ポイント」からご確認いただけます。

※お持ちのポイントは現金と同じようにご使用いただけます。

◆ポイントに関する注意事項◆

・投稿文字数が150文字以上の口コミ投稿でポイント付与になります。
・投稿内容により、口コミが削除された場合は対象外となります。
・不正とみなされるようなことがあった場合は、本特典の対象とはなりません。
　会員登録を削除させていただく場合がございます。
・本キャンペーンは予告無く変更・終了する場合がございます。
・対象期間外の予約や、予約後のキャンセル、来店日変更によって来店が期間外
　になった場合は、本キャンペーンの対象外となります。
※当店で投稿の確認ができない場合は、キャンペーンの対象とはなりません

本キャンペーンに関するお問い合わせは、【口コミ投稿キャンペーン】とご記入の
うえ、「cubesalon@message.co.jp」までご連絡ください。
※お問い合わせに対する返信は、1～2日お時間をいただく場合がございます。

（注）ポイント：英語の "Point" のことで、商品などを買った時に与えられる点数。

通し聞き用音声
MP3 N2-1-43

N2

聴解

（50分）

注　意
Notes

1. 試験が始まるまで、この問題用紙を開けないでください。
   Do not open this question booklet until the test begins.

2. この問題用紙を持って帰ることはできません。
   Do not take this question booklet with you after the test.

3. 受験番号と名前を下の欄に、受験票と同じように書いてください。
   Write your examinee registration number and name clearly in each box below as written on your test voucher.

4. この問題用紙は、全部で12ページあります。
   This question booklet has 12 pages.

5. この問題用紙にメモをとってもいいです。
   You may make notes in this question booklet.

じゅけんばんごう 受験番号　Examinee Registration Number	

名　前　Name	

問題 1

🎧 MP3 N2-1-01

問題1では、まず質問を聞いてください。それから話を聞いて、問題用紙の1から4の中から、最もよいものを一つえらんでください。

例

🎧 MP3 N2-1-02

1　インターネットで授業の登録をする

2　情報センターを訪ねる

3　授業の変更願を出す

4　インターネットで授業の削除をする

1番 ばん 🎧 MP3 N2-1-03 👑👑👑

1 フォルダーを整理する
2 発注書を作る
3 会議の資料をまとめる
4 会議の担当者の所へ行く

2番 ばん 🎧 MP3 N2-1-04 👑👑👑

1 アクセサリー作りをする
2 商品を並べる
3 レジでお会計を担当する
4 飲み物を買ってくる

38 JLPTリアル模試 N2 第1回

1番 🎧 MP3 N2-1-03 👑👑👑

1 フォルダーを整理する
2 発注書を作る
3 会議の資料をまとめる
4 会議の担当者の所へ行く

2番 🎧 MP3 N2-1-04 👑👑👑

1 アクセサリー作りをする
2 商品を並べる
3 レジでお会計を担当する
4 飲み物を買ってくる

3番 🎧 MP3 N2-1-05　👑🤍🤍

1　ズボンの裾を直しに行く
2　ズボンを引き取りに来る
3　別のズボンを持って来る
4　直すズボンをはいてみる

4番 🎧 MP3 N2-1-06　👑🤍🤍

1　書類を修正する
2　課長に書類を見せる
3　会議に参加する
4　基本説明の内容を増やす

5番 🎧 MP3 N2-1-07　　　　　　　　　　♔♔♔

1　ネットでレストランを調べる
2　サイトに会員登録する
3　レストランの写真をSNSに載せる
4　気に入った写真を保存する

もんだい
問題2

問題2では、まず質問を聞いてください。そのあと、問題用紙のせんたくしを読んでください。読む時間があります。それから話を聞いて、問題用紙の1から4の中から、最もよいものを一つ選んでください。

例 🎧 MP3 N2-1-09

1　ラジオを聞いて勉強する

2　グエンさんの友人に教えてもらう

3　大学のサークルに通う

4　インターネットでレッスンを受ける

聴解

第
1
回

1番 🎧 MP3 N2-1-10　　　♛♛♕

1　赤木サチコと西田日向のトーク

2　コマーシャル

3　私生活の写真の公開

4　西田日向のお出迎え

2番 🎧 MP3 N2-1-11　　　♛♛♛

1　乗り換え駅で一本乗り過ごしたから

2　30分寝坊したから

3　エレベーターが点検中だったから

4　鞄をドアに挟んでしまったから

3番 🎧MP3 N2-1-12　♛👑👑

1　ふどうさん会社
2　ひっこし会社
3　せいそう会社
4　かぐはんばい会社

4番 🎧MP3 N2-1-13　♛👑👑

1　朝寝坊して学校に遅刻したから
2　電車が事故で止まっていたから
3　妊婦に席を譲らない人がいたから
4　優先席の意味を知らない人が多いから

5番 🎧MP3 N2-1-14 ♛♛♔

1 介護施設の数を増やすこと
2 介護サービスの質を上げること
3 介護が必要な人を増やさないこと
4 施設で働く人の数を増やすこと

6番 🎧MP3 N2-1-15 ♛♛♛

1 部長に早く修正しろと言われたから
2 見積もりが間に合わないから
3 中山さんが手伝ってくれないから
4 トラブルが起きてしまったから

もんだい
問題3

問題3では、問題用紙に何もいんさつされていません。この問題は、全体としてどんな内容かを聞く問題です。話の前に質問はありません。まず話を聞いてください。それから、質問とせんたくしを聞いて、1から4の中から、最もよいものを一つ選んでください。

― メモ ―

れい
例　🎧 MP3 N2-1-17

ばん
1番　🎧 MP3 N2-1-18　👑👑👑

ばん
2番　🎧 MP3 N2-1-19　👑👑👑

ばん
3番　🎧 MP3 N2-1-20　👑👑👑

ばん
4番　🎧 MP3 N2-1-21　👑👑👑

ばん
5番　🎧 MP3 N2-1-22　👑👑👑

聴解

第1回

問題4では、問題用紙に何もいんさつされていません。まず文を聞いてください。それから、それに対する返事を聞いて、1から3の中から、最もよいものを一つ選んでください。

― メモ ―

れい
例　　🎧 MP3 N2-1-24

ばん
1番　　🎧 MP3 N2-1-25　　👑👑👑

ばん
2番　　🎧 MP3 N2-1-26　　👑👑👑

ばん
3番　　🎧 MP3 N2-1-27　　👑👑👑

ばん
4番　　🎧 MP3 N2-1-28　　👑👑👑

ばん
5番　　🎧 MP3 N2-1-29　　👑👑👑

ばん
6番　　🎧 MP3 N2-1-30　　👑👑👑

ばん
7番　　🎧 MP3 N2-1-31　　👑👑👑

ばん
8番　　🎧 MP3 N2-1-32　　👑👑👑

ばん
9番　　🎧 MP3 N2-1-33　　👑👑👑

ばん
10番　　🎧 MP3 N2-1-34　　👑👑👑

ばん
11番　　🎧 MP3 N2-1-35　　👑👑👑

ばん
12番　　🎧 MP3 N2-1-36　　👑👑👑

問題5

問題5では、長めの話を聞きます。この問題には練習はありません。
問題用紙にメモをとってもかまいません。

1番
🎧 MP3　N2-1-38　　　　　　　　　　　　　　👑👑👑

2番
🎧 MP3　N2-1-39　　　　　　　　　　　　　　👑👑👑

問題用紙に何もいんさつされていません。まず話を聞いてください。それから、質問
とせんたくしを聞いて、1から4の中から、最もよいものを一つ選んでください。

― メモ ―

3番 🎧 MP3 N2-1-40·41

まず話を聞いてください。それから、二つの質問を聞いて、それぞれ問題用紙の1から4の中から、最もよいものを一つ選んでください。

質問1 ♛♛♛

1　20歳
2　27歳
3　30歳
4　34歳

質問2 ♛♛♛

1　20歳
2　27歳
3　30歳
4　34歳

N2 言語知識（文字・語彙・文法）・読解

JLPTリアル模試 N2 解答用紙［第1回］

〈ちゅうい Notes〉
1. くろいえんぴつ(HB、No.2)でかいてください。
   Use a black medium soft (HB or No.2) pencil.
   （ペンやボールペンではかかないでください。）
   (Do not use any kind of pen.)
2. かきなおすときは、けしゴムできれいにけして
   ください。
   Erase any unintended marks completely.
3. きたなくしたり、おったりしないでください。
   Do not soil or bend this sheet.
4. マークれい Marking Examples

よいれい Correct Example	わるいれい Incorrect Examples
●	⊗ ◯ ◯ ◯ ◑ ◐ ◔

問題 1

1	①	②	③	④
2	①	②	③	④
3	①	②	③	④
4	①	②	③	④
5	①	②	③	④

問題 2

6	①	②	③	④
7	①	②	③	④
8	①	②	③	④
9	①	②	③	④
10	①	②	③	④

問題 3

11	①	②	③	④
12	①	②	③	④
13	①	②	③	④
14	①	②	③	④
15	①	②	③	④

問題 4

16	①	②	③	④
17	①	②	③	④
18	①	②	③	④
19	①	②	③	④
20	①	②	③	④
21	①	②	③	④
22	①	②	③	④

問題 5

23	①	②	③	④
24	①	②	③	④
25	①	②	③	④
26	①	②	③	④
27	①	②	③	④

問題 6

28	①	②	③	④
29	①	②	③	④
30	①	②	③	④
31	①	②	③	④
32	①	②	③	④

問題 7

33	①	②	③	④
34	①	②	③	④
35	①	②	③	④
36	①	②	③	④
37	①	②	③	④
38	①	②	③	④
39	①	②	③	④
40	①	②	③	④
41	①	②	③	④
42	①	②	③	④
43	①	②	③	④
44	①	②	③	④

問題 8

45	①	②	③	④
46	①	②	③	④
47	①	②	③	④
48	①	②	③	④
49	①	②	③	④

問題 9

50	①	②	③	④
51	①	②	③	④
52	①	②	③	④
53	①	②	③	④
54	①	②	③	④

問題 10

55	①	②	③	④
56	①	②	③	④
57	①	②	③	④
58	①	②	③	④
59	①	②	③	④

問題 11

60	①	②	③	④
61	①	②	③	④
62	①	②	③	④
63	①	②	③	④
64	①	②	③	④
65	①	②	③	④
66	①	②	③	④
67	①	②	③	④
68	①	②	③	④

問題 12

69	①	②	③	④
70	①	②	③	④

問題 13

71	①	②	③	④
72	①	②	③	④
73	①	②	③	④

問題 14

74	①	②	③	④
75	①	②	③	④

N2 聴解

JLPTリアル模試 N2 解答用紙【第1回】

受 験 番 号
Examinee Registration
Number

名 前
Name

〈ちゅうい Notes〉

1. くろいえんぴつ(HB、No.2)でかいてください。
   Use a black medium soft (HB or No.2) pencil.
   (ペンやボールペンではかかないでください。)
   (Do not use any kind of pen.)
2. かきなおすときは、けしゴムできれいにけして
   ください。
   Erase any unintended marks completely.
3. きたなくしたり、おったりしないでください。
   Do not soil or bend this sheet.
4. マークれい Marking Examples

よいれい Correct Example	わるいれい Incorrect Examples
●	◌ ⊘ ◑ ⊙ ◍

問題 1

	1	2	3	4
例	①	②	●	④
1	①	②	③	④
2	①	②	③	④
3	①	②	③	④
4	①	②	③	④
5	①	②	③	④

問題 2

	1	2	3	4
例	●	②	③	④
1	①	②	③	④
2	①	②	③	④
3	①	②	③	④
4	①	②	③	④
5	①	②	③	④
6	①	②	③	④

問題 3

	1	2	3	4
例	●	②	③	④
1	①	②	③	④
2	①	②	③	④
3	①	②	③	④
4	①	②	③	④
5	①	②	③	④

問題 4

	1	2	3
例	①	●	③
1	①	②	③
2	①	②	③
3	①	②	③
4	①	②	③
5	①	②	③
6	①	②	③
7	①	②	③
8	①	②	③
9	①	②	③
10	①	②	③
11	①	②	③
12	①	②	③

問題 5

		1	2	3	4
1		①	②	③	④
2		①	②	③	④
3	(1)	①	②	③	④
	(2)	①	②	③	④

N2

言語知識(文字・語彙・文法)・読解
(105分)

注　意
Notes

1. 試験が始まるまで、この問題用紙を開けないでください。
   Do not open this question booklet until the test begins.

2. この問題用紙を持って帰ることはできません。
   Do not take this question booklet with you after the test.

3. 受験番号と名前を下の欄に、受験票と同じように書いてください。
   Write your examinee registration number and name clearly in each box below as written on your test voucher.

4. この問題用紙は、全部で31ページあります。
   This question booklet has 31 pages.

5. 問題には解答番号の 1 、 2 、 3 … が付いています。
   解答は、解答用紙にある同じ番号のところにマークしてください。
   One of the row numbers 1 , 2 , 3 … is given for each question. Mark your answer in the same row of the answer sheet.

受験番号　Examinee Registration Number	

名　前　Name	

問題1 ＿＿＿の言葉の読み方として最もよいものを、１・２・３・４から一つ選びなさい。

1 １時間ほど歩いていくと、非常に険しい道が現れた。　　　　👑👑👑

1　けわしい　　　　2　あやしい　　　　3　くやしい　　　　4　さびしい

2 夫がリストラ候補だなんて、信じられない。　　　　👑👑👑

1　こうほ　　　　2　こうぼう　　　　3　こうほ　　　　4　こうほう

3 私は祖父の代から続いている牧畜業を守りたい。　　　　👑👑👑

1　もくじく　　　　2　もくちく　　　　3　ぼくじく　　　　4　ぼくちく

4 「日本文学概論」の講義って、最初は難しいと思ったけど、どんどん面白くなった。

👑👑👑

1　けいろん　　　　2　げいろん　　　　3　かいろん　　　　4　がいろん

5 ３日間はご注文を承ることができません。　　　　👑👑👑

1　うける　　　　2　うけたまわる　　　　3　うけとる　　　　4　うちあわせる

問題2 _____ の言葉を漢字で書くとき、最もよいものを１・２・３・４から一つ選びなさい。

6 とても暑いので、こまめに水を飲んで水分を<u>おぎなって</u>ください。 👑👑👑

　　1　浦って　　　　　2　捕って　　　　　3　補って　　　　　4　舗って

7 車を買うために毎月５万円ずつ<u>ちょきん</u>している。 👑👑👑

　　1　予金　　　　　2　貯金　　　　　3　積金　　　　　4　助金

8 そんな無責任なこと、私は言った<u>きおく</u>はありません。 👑👑👑

　　1　記意　　　　　2　記臆　　　　　3　記億　　　　　4　記憶

9 冬は寒いですが、適度に<u>かんき</u>をするようにしてください。 👑👑👑

　　1　寒気　　　　　2　喚起　　　　　3　乾期　　　　　4　換気

10 アパートを<u>そうこ</u>として使っています。 👑👑👑

　　1　倉固　　　　　2　創固　　　　　3　倉庫　　　　　4　創庫

問題3 （　　　）に入れるのに最もよいものを、1・2・3・4から一つ選びなさい。

11　私はサラリーマンですが、執筆でちょっとした（　　　）収入があります。　👑👑👑

　　1　高　　　　　　2　副　　　　　　3　重　　　　　　4　他

12　半年ぶりに体重（　　　）に乗ってみたら、3キロ増えていた。　👑👑👑

　　1　具　　　　　　2　形　　　　　　3　計　　　　　　4　機

13　この山間部には週に1回、移動（　　　）スーパーがやってくる。　👑👑👑

　　1　制　　　　　　2　製　　　　　　3　用　　　　　　4　式

14　社長、山田物産との（　　　）は午後2時からです。　👑👑👑

　　1　組み合わせ　　　2　問い合わせ　　　3　打ち合わせ　　　4　待ち合わせ

15　私の給料から税金と食費を差し（　　　）と、何も残りません。　👑👑👑

　　1　つかえる　　　　2　ひく　　　　　3　あてる　　　　　4　あげる

問題4 （　　　　）に入れるのに最もよいものを、1・2・3・4から一つ選びなさい。

16 そろそろ夕飯の（　　　　）をする時間だ。　　　　　　　　👑👑👑

　　1　準比　　　　　　2　仕方　　　　　　3　始動　　　　　　4　支度

17 あなたがどのような選択をしても私はあなたの選択を（　　　　）します。　👑👑👑

　　1　尊敬　　　　　　2　敬意　　　　　　3　尊重　　　　　　4　貴重

18 彼は心配性なのか、火の元を（　　　　）ほど確認する。　　👑👑👑

　　1　ずるい　　　　　2　くどい　　　　　3　けわしい　　　　4　はなはだしい

19 私はその音楽の（　　　　）に合わせて手をたたいた。　　　👑👑👑

　　1　プログラム　　　2　プラン　　　　　3　リズム　　　　　4　メニュー

20 自動販売機でお札が使えなかったので、仕方なくコンビニでお金を（　　　　）。

　　　　　　　　　　　　　　　　　　　　　　　　　　　　　　👑👑👑

　　1　縛った　　　　　2　崩した　　　　　3　刻んだ　　　　　4　注いだ

21 朝早く起きたから会社の面接には（　　　　）間に合う。　　👑👑👑

　　1　どんどん　　　　2　ゆうゆう　　　　3　ちかぢか　　　　4　だんだん

22 交渉がここまでくれば（　　　　）ものだ。　　　　　　　　👑👑👑

　　1　よわった　　　　2　こまった　　　　3　しめた　　　　　4　しまった

問題5 _____の言葉に意味が最も近いものを、1・2・3・4から一つ選びなさい。

23 今朝は空気が<u>ひんやりしている</u>。 👑👑👑

    1 つめたい   2 すんでいる   3 あたたかい   4 よごれている

24 おじさん、残ってるの全部買うから、<u>まけて</u>もらえませんか。 👑👑👑

    1 配達して   2 作って   3 包んで   4 値引きして

25 両親が<u>マナー</u>にうるさかったことを社会人となった今では感謝している。 👑👑👑

    1 接待   2 礼儀   3 法則   4 規則

26 僕は映画を見る前に必ず<u>あらすじ</u>を確認する。 👑👑👑

    1 時刻表   2 主人公   3 大体の内容   4 上映時間

27 商品の番号が一つ<u>とんでいる</u>ので、確認してください。 👑👑👑

    1 とれて   2 ぬけて   3 くずれて   4 あがって

問題6 次の言葉の使い方として最もよいものを、1・2・3・4から一つ選びなさい。

28 めぐる 👑👑👑

1 彼女は笑う時に、口を手でめぐって隠す。

2 政治情勢をめぐって重大な動きがあった。

3 女の子は男の子をめぐって怒られてしまった。

4 外国の文化を理解するには、その国の歴史をめぐる必要がある。

29 尽きる 👑👑👑

1 あんなにたくさんあった米がとうとう尽きてしまった。

2 賞味期限が尽きたパンを食べてしまった。

3 うちの娘は優しさに尽きている。

4 停電で電気が尽きて、真っ暗になってしまった。

30 かえって 👑👑👑

1 東京はすごく住みやすいので、かえって故郷に帰りたくない。

2 安いものをたくさん買ったらかえって高くついてしまった。

3 海で泳いでいる彼女はかえって人魚のようだった。

4 この地域で雪が降ることなんてかえってない。

31 心当たり 👑👑👑

1 彼が何をやりたいのか心当たりもつかない。

2 心当たりの場所は全部探してみました。

3 お店の売り上げは心当たりをはるかに超えた。

4 この家は心当たり100年は経っているだろう。

32 催促 👑👑👑

1 留学に行くためにビザの催促をした。

2 電気料金の支払いを催促するはがきが届いた。

3 お腹が空いていたのでお店に入ってすぐに料理を催促した。

4 彼は催促が強く人の話を聞かない。

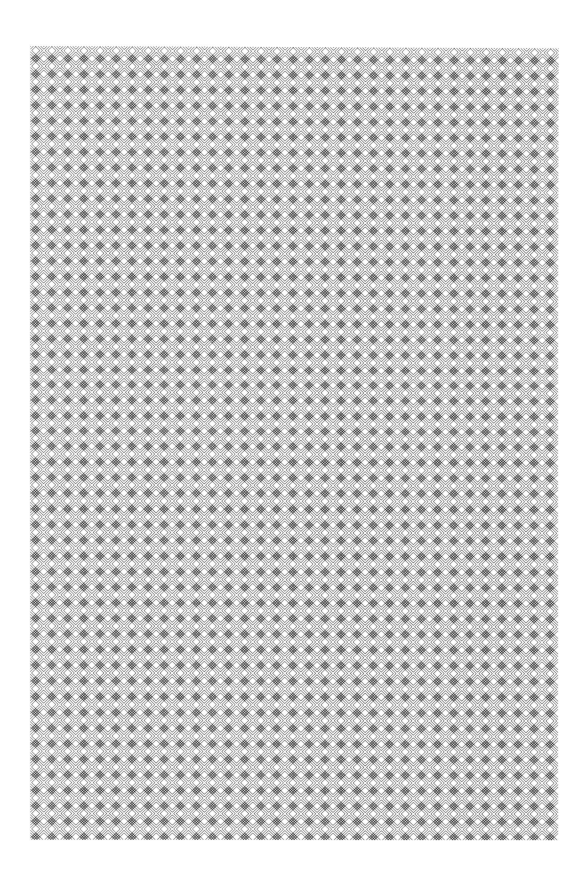

問題7　次の文の（　　　）に入れるのに最もよいものを、1・2・3・4から一つ選びなさい。

[33] 大したけがではないので、ご心配には（　　　）。　　👑👑👑
1　およぶことはありません　　　　　2　およぶはずです
3　およびません　　　　　　　　　　4　およばないではいられません

[34] ご迷惑を承知の（　　　）、お願いにまいりました。　　👑👑👑
1　上に　　　　　2　上で　　　　　3　ところを　　　　　4　ところで

[35] （会社で）　　👑👑👑
A「では、今日はこれで失礼します。」
B「本日はありがとうございました。今後（　　　）、どうぞご協力のほどよろしくお願いします。」
1　より　　　　　2　こそ　　　　　3　なら　　　　　4　とも

[36] 環境をテーマとした発表を聞いて、改めて環境の大切さを（　　　）。　　👑👑👑
1　考えずにはできなかった　　　　　2　考えずにはならなかった
3　考えずにはすぎなかった　　　　　4　考えずにはいられなかった

[37] 社長はあの会社をビジネスパートナー（　　　）認めた。　　👑👑👑
1　として　　　　　2　において　　　　　3　ぬきに　　　　　4　によって

[38] もしよろしければ、質問をいくつか（　　　）。　　👑👑👑
1　してさしあげませんか　　　　　2　していただけませんか
3　させていただけませんか　　　　　4　させてさしあげませんか

39 A「それ、賞味期限過ぎてるやつじゃん。」 👑👑👑

B「(　　　　)から大丈夫。」

1　食べないではいられない　　　　2　食べざるを得ない

3　食べられないことはない　　　　4　食べようがない

40 毎日コーヒーを飲むのを（　　　　）以来、よく眠れるようになったんです。 👑👑👑

1　やめる　　　　2　やめて　　　　3　やめよう　　　　4　やめた

41 刑事さん、昨夜の事件の件で（　　　　）んですが、お時間よろしいですか。 👑👑👑

1　拝見したい　　　　　　　　　　2　お会いになりたい

3　お会いしたい　　　　　　　　　4　ご覧になりたい

42 一流選手たちの試合をテレビで見る（　　　　）、「やっぱりレベルが違う」と思う。

👑👑👑

1　にしては　　　　2　なんて　　　　3　ともなしに　　　　4　につけ

43 課長はあと５分で戻りますので、こちらで少々（　　　　）。 👑👑👑

1　待っていただいてください　　　　2　待たれてください

3　お待ちください　　　　　　　　　4　待ってさし上げてください

44 客　「あの、以前買ったこのチケットなのですが、払い戻しできますでしょうか。」

店員「申し訳ございません。期限が過ぎてしまっているので、（　　　　）。」 👑👑👑

1　払い戻しはいたしかねます　　　　2　払い戻しはいたしかねません

3　払い戻しではありません　　　　　4　払い戻しができます

問題8　次の文の＿★＿に入る最もよいものを、1・2・3・4から一つ選びなさい。

___

___

45　いつもは大人しい兄だが、野球の ＿＿＿＿ ＿＿＿＿ ＿★＿ ＿＿＿＿ 話し始める。

　　1　人が変わった　　2　ことと　　　　3　ように　　　　4　なると

46　年末を越したら忙しさが落ち着くと思っていたが、最近は難しい ＿＿＿＿ ＿★＿
　　＿＿＿＿ ＿＿＿＿ である。

　　1　負担が　　　　　2　仕事も多く　　　3　ばかり　　　　4　増える

47 両親に ＿＿＿＿ ★ ＿＿＿＿ ＿＿＿＿ 、私の考えを尊重してくれた。 ♛♛♛

1　仕事を辞めて　　2　進学したいと　　3　大学院に　　　4　相談したところ

48 来年歩道の整備を行う予定らしいが、早く住民が ＿＿＿＿ ＿＿＿＿ ★ ＿＿＿＿ 。

♛♛♛

1　してほしいものだ　　　　　　2　利用できるように

3　安心して　　　　　　　　　　4　道路を

49 仕事の依頼があったが、＿＿＿＿ ★ ＿＿＿＿ ＿＿＿＿ 決められません。 ♛♛♛

1　でなければ　　　　　　　　　2　実行するかどうか

3　詳しい事情を　　　　　　　　4　聞いてから

問題９　次の文章を読んで、文章全体の内容を考えて、 50 から 54 の中に入る最も
　　　　よいものを、１・２・３・４から一つ選びなさい。

以下は、雑誌のコラムである。

ホワイトデーの起源_{（き げん）}

　３月14日はホワイトデー。今年もホワイトデーが近づいてきた。先日海外の友人
に何気なくホワイトデーに何を送るか聞いてみたら、それは何だと聞き返された。
不思議に思い、インターネットで調べてみると、日本でバレンタインデーのプレゼ
ントのお返しをする日 50 定着している「ホワイトデー」は、実は日本が起源であ
り、海外ではあまり知られていないことが分かった。きっと、私のようにホワイト
デーは海外から伝わった文化だと思い込んでいる人は 51 。

　実はこのホワイトデー、1970年代に日本の製菓会社や組合によって考案されたも
のらしい。これは日本人の「お返しの文化」が関係しているとも 52 。おくり物に
はお返しをするという日本人の伝統から、お菓子メーカーがマシュマロやキャン
ディーなどをお返しのおくり物として提案し、イベントやキャンペーンへと展開さ
せていった。これを受けて、全国飴菓子工業協同組合がホワイトデーとしてイベン
ト化したことで日本ではホワイトデーが生まれたとのことだ。まさかそんな背景が
ある 53 夢にも思わなかった。もしかしたら、周りに溢れている色々な行事も同じ
ように面白い由来があるのかもしれない。

　さて、話は戻るが今年のホワイトデー、何をあげるか悩んでしまう。定番はお菓
子だが、いつもお菓子というのも味気ない気がする。いや、あくまでもお返しなの
だから、気持ちがこもっていればいいのだろうか。毎年こんなふうに考えながら、
ホワイトデーを 54 。他の人はどんな思いでお返しを選ぶのか、聞いてみたい気も
する。

（注１）起源：ものごとの始まり
（注２）考案：工夫して考え出すこと

50   👑👑👑

　　1　によって　　　　2　に基づいて　　　3　として　　　　4　に向けて

51   👑👑👑

　　1　多いわけがない　　　　　　　　　2　多いに違いない

　　3　多い恐れがある　　　　　　　　　4　多いに越したことはない

52   👑👑👑

　　1　言いたいものだ　　　　　　　　　2　言われている

　　3　言うべきだ　　　　　　　　　　　4　言いかねない

53   👑👑👑

　　1　限りは　　　　　　2　さえ　　　　　3　とは　　　　　4　ばかりか

54   👑👑👑

　　1　むかうものか　　　　　　　　　　2　むかえることだ

　　3　むかえるものがある　　　　　　　4　むかえるのだ

問題10　次の(1)から(5)の文章を読んで、後の問いに対する答えとして最もよいものを、
　　　　1・2・3・4から一つ選びなさい。

(1)　　　　　　　　　　　　　　　　　　　　　　　　　　　　　　　♛♕♕

　近年、電子レンジ火災が増加している。サツマイモや肉まんなどを長時間加熱したり冷
凍商品を包装ごと加熱するなど、電子レンジの間違った使い方によって、事故が起こるこ
とがある。また、正しい温め方をした場合でも、レンジの汚れが火災の原因になることも
あるそうだ。電子レンジは安全なイメージがあるが、使い方を間違うと一大事になりかね
ない。便利だからといって何でも電子レンジに入れるのではなく、商品の注意書きを確認
するようにしたい。そして定期的な掃除も忘れずにしていきたい。

(注)電子レンジ：食品を加熱する調理器具

55　電子レンジを使う際に気を付けることにはどのようなことがあるか。

1　サツマイモはかたいので長時間レンジで温めた方がいい。

2　定期的に掃除すれば事故が起きることはないので、掃除が重要だ。

3　電子レンジには何を入れても大丈夫なので気にしなくていい。

4　温める際は注意事項を確認し、適切に温めるべきだ。

第10回クリスマスバザーのお知らせ

　今年もクリスマスバザーを開催いたします。皆さまのご協力もあり、今年で10回目を迎えました。そこで、今年は商品集めにご協力してくださるすべての皆さまに感謝の気持ちを込めまして、記念カレンダーをさしあげます。ご家庭で未使用の日用品や服などがございましたら、ぜひお願いいたします。

開催日時：12月17日（日）午前10時〜午後3時まで

開催場所：さくら市市民会館

※バザーに出せる商品をお持ちの方は、前日午後5時までに市民会館へ商品をお持ちください。バザーでの売上金は例年通り全額寄付させていただきます。皆さまのご協力をお待ちしております。

56　この文書の内容と合っているものはどれか。

1　家庭で使用し、使わなくなった商品を前日5時までに会場に持っていく必要がある。

2　記念カレンダーをもらう場合は、できるだけ早めに商品を出さなければならない。

3　このバザーの目的は売上金を寄付することだ。

4　カレンダーがいらない人はバザー当日に商品を持ってきてもいい。

(3) 👑👑👑

　「穴があったら入りたい」は、身を隠したいほどとても恥ずかしいという意味だ。以前、外出中にハイヒールのかかとが取れてしまった。壊れた靴で歩いていると、通り過ぎる人の視線を足元に感じ「穴があったら入りたい」気分だった。やっとのことで駆け込んだデパートで、靴売り場の店員の最初の一言は「おけがはありませんでしたか」だった。私は急に気が抜けると同時に、まずは相手の状況を思いやるサービス精神に頭が下がる思いがした。

57　筆者が頭が下がる思いがしたのはなぜか。

　1　靴売り場の店員が客の状況を察して気づかいを見せたから。

　2　靴売り場の店員が客が店に来たのに挨拶もしなかったから。

　3　恥ずかしさで頭がいっぱいで下ばかり向いていたから。

　4　足元が気になって他のことが考えられなかったから。

ご来院者各位

　当日の注意事項を確認の上、予約時間に遅れないようにお越しください。受付後、すぐに尿検査がありますので直前のトイレは我慢してください。予約時間の6時間前から飲食は禁止です。お水やお茶は受診直前までお召し上がりいただいてもよいですが、糖分の多いものは避けるようお願いしたします。血液検査をされる方のうち、糖尿病のお薬を服用されている方は服用しないでお越しください。その他の薬は服用してかまいません。ご質問がある方は当病院担当者までご連絡ください。

　　　　　　　　　　　　　　　　　　　　　　　　　港南内科医院

[58]　この文書の題目として合うものはどれか。

1　健康診断の予約方法

2　薬の服用に関する注意

3　糖尿病患者の血液検査

4　健康診断についての注意

にこにこフーズ株式会社御中

株式会社花丸かまほこの経理担当、田中です。
至急、確認をお願いしたくメールを差し上げます。

5月末日にご入金いただくことになっていました3月分のご請求（焼きちくわの商品代金420,000円）の入金が、今日の時点におきましても確認できません。
入金が遅れるというご連絡も頂戴しておりませんので、何か行き違いがあるのではないでしょうか。
請求書は3月20日に発送しております。

今一度お確かめの上、このメールをご覧になったら取り急ぎ、私宛にお電話ください。
よろしくお願いいたします。

59 この文書が最も伝えたいことは何か。
1 3月20日に発送した請求書を確かめてほしい。
2 今すぐ商品代金を入金してほしい。
3 入金が遅れた理由をはっきりさせてほしい。
4 メールを見たらまず電話をしてほしい。

問題11 次の(1)から(3)の文章を読んで、後の問いに対する答えとして最もよいものを、1・2・3・4から一つ選びなさい。

(1)　　　　　　　　　　　　　　　　　　　　　　　　　　　　　　👑👑👑

　近年「食品ロス」という言葉がニュースで盛んに取り上げられています。「食品ロス」とは、食べることができるのに捨てられてしまう食品のこと。世界では食べ物がなく飢餓(きが)に苦しむ人々が多くいる一方で、アメリカや日本など一部の国では、食べられる食品を捨てて問題となっています。

　「食品ロス」の主な原因に、「家庭内や外食での食べ残し」「賞味期限切れになった生鮮食品や総菜などお店での売れ残り」があります。要するに本当に必要な量より大量の食品が生産され売られていることが問題なのです。

　では、「食品ロス」によってどんな問題が起こっているのでしょうか。まず食品が捨てられることで、ごみを処理するコストが膨大(ぼうだい)にかかります。そしてごみを燃やすことで二(に)酸化炭素(さんかたんそ)が大量に排出され、地球温暖化といった自然環境に悪影響を及ぼします。

　このような状況を改善するためには政府主導の対策も重要です。しかし私たち個人ができる食品ロス対策もたくさんあります。「食べきれる分だけ買う」「食べられる分だけ調理する」「余った食材を使い切る」「正しい方法で食品を保存し食べきる」「外食する際、食べきれる分だけ注文する」など、ささいなことでも積み重ねることで「食品ロス」を減らしていきましょう。

60 「食品ロス」について、正しくないものはどれか。

  1　「食品ロス」の原因は、必要な分の食料が十分に生産されていないことにある。

  2　まだ食べられるのに捨てられる食品のことを「食品ロス」という。

  3　家庭内や外食での食べ残しが「食品ロス」につながっている。

  4　世界では食べ物がなく苦しむ人が多いが、「食品ロス」が深刻化している国もある。

61 「食品ロス」による問題として正しいものはどれか。

  1　食品の価格が高くなり、生活に影響が出る。

  2　生ごみ処理にかかる費用がかさむようになる。

  3　飢餓で苦しむ人たちに食べ物が回らなくなる。

  4　「食品ロス」が続くと全世界の人たちが食べ物に困るようになる。

62 個人的にできる対策として当てはまらないものはどれか。

  1　買い物をする時必要のない食品は買わない。

  2　前日に余った料理を捨てずに翌日に食べる。

  3　外食は絶対にしない。

  4　余った食材を捨てずに使い切る。

　日本は地理上、さまざまな自然災害(注1)が発生しやすい。地震や津波、火山噴火、大雨など、その被害は甚大である。データ上でも、自然災害による世界の死亡者数の0.3%が日本に集中しているという。特に、地震に限っていえば、世界中の火山の約7％が日本に存在し、マグニチュード6以上の地震では、20.5%が日本付近で起きている。日本が自然に恵まれた国であるからこそ、このような被害は不可避的である。

　日本は中緯度に位置し、ほとんどが温帯に属しているので四季の区別が明確であるが、大気の影響で台風を呼び込みやすい。そのため、台風による暴風雨などの水害も被りやすい。また、多数の火山があり、それが噴火またはマグマや熱水が動くことにより地震も起きやすい。これまで、大きな被害と死者を出した大規模な自然災害は数知れない。非常に大きな被害を被るたびに日本は経済的にも損害を受けているのが事実である。加えて最近は、温暖化による異常気象も多発している。

　現在は、緊急地震速報サービスや建造物の耐震性強化、そして津波に備えたスーパー堤防などさまざまな対策がされている。しかし今後も、被害想定に基づく対策や災害についての知識の確認、防災意識の向上がさらに必要になることは、日本の定めなのだ。

（注1）災害：自然や事故などによって受ける被害
（注2）津波：地震などの影響で海岸に大きな被害を与える波

63 日本で自然災害が多発する理由は何か。

1 温暖化によって溶けた北極の氷が日本に流れ込むから。

2 隣国で起きた災害の影響を受けやすい位置にあるから。

3 人口が増加するにあたって無理な土地利用がすすめられるようになったから。

4 日本には多数の火山が存在し、位置的にも大気の影響を受けやすいから。

64 自然災害が前と最近で違う点は何か。

1 地理上の問題で起こる災害のみでなく、最近は温暖化による災害も増えたこと

2 前は、地震が被害者を多く出す災害としてトップであったが最近は台風が1位であること

3 火山災害は起こらなくなったが温暖化による干ばつや豪雨が多発するようになったこと

4 温暖化による災害は減りつつあるが、地理上の問題で起こる自然災害は依然として多いこと

65 日本の定めとは何か。

1 自然災害に関する知識の確認や災害に備えた建造物などの確保が必要になること

2 自然災害が起こった時のために毎日防災訓練を行うこと

3 自然災害による被害を最小限にするため、家具や物などの個数を制限すること

4 自然災害に対する恐怖心を煽り、他国への移動を呼びかけること

(3)

　結婚を準備するカップルに大変だったことや思い出に残ったことを聞いたところ、両親に挨拶に行った日だと答えたカップルが多かった。

　マミコさんの家に行ったケンタさんは、マミコさんのお父さんと向かい合って座ると、ずっと黙って下を向いたまま①だったそうだ。気まずくなったマミコさんのお父さんが「ケンタくん、言いたいことがあるから今日はここに来たんだろう？」と言うと、ようやく「マミコさんと結婚させてください」とケンタさんが真っ赤な顔で言ったそうだ。男性にとって女性の父親に結婚の許しをもらうことは、プロポーズと同じかそれ以上に勇気のいることなのかもしれない。

　一方、娘の恋人が挨拶に来る日は父親にとっても緊張する一日となる。ナツミさんのお父さんはナツミさんの彼が結婚の挨拶に来た日、家にいなかったそうだ。「父は逃げたんです」とナツミさんは笑う。外出したお父さんは彼が帰るまで家に戻って来なかったらしい。手塩にかけた娘を手放す父親の気持ち②を思えば理解できなくはない。

　最近では家族同士の結婚の挨拶を略式で済ませようと考える人が多いようだが、最初の挨拶はその後の結婚生活にも思いのほか大きな影響を与える大切なものなので、それぞれの覚悟を認めた上で、パートナーと自分の家族が互いに理解できるような場を作ることが必要だ。

66 ①ずっと黙って下を向いたままの理由は何か。

1 結婚の許可をもらうのに相当な勇気が必要だったから。

2 みんなが黙っていたので話す気がなくなったから。

3 「何のために来たのか」と問い詰められて怖かったから。

4 マミコさんが先に話してくれるのを待っていたから。

67 ②手塩にかけたの意味として正しいものはどれか。

1 厳しく育てた

2 大切に育てた

3 派手に育てた

4 不自由をかけて育てた

68 筆者の考えと合っているものはどれか。

1 話がうまく進むよう女性が率先して会話の主導権を握るのがよい。

2 挨拶をしなくてもよいと考える人が増えているので緊張しなくてもよい。

3 家族とパートナーが出会う最初の挨拶は大切にした方が良い。

4 彼と父親の覚悟を認めることは結婚生活にも影響を与える。

A

　夜、部屋の中が真っ暗で静かだと眠れません。だから大体テレビをつけたまま寝ています。でも、アメリカのある調査によると明かりやテレビをつけっぱなしにしていた人は、睡眠中に部屋を暗くしている人に比べ、5年間で体重が5キロ以上増えるリスクが17％高く、肥満リスクは33％高かったそうです。体重が増える原因は、眠る時に明るいと睡眠ホルモンであるメラトニンの分泌がされず、体内時計のリズムが乱れるからだそうです。寝る直前までスマートフォンやパソコンなどの電子機器に触るのもよくありません。健康のために習慣を変えてみたいですが、真っ暗は嫌なので足元を照らすフットライトを取り入れて、テレビは消すようにしたいと思います。

B

　夜、眠る時には部屋の中を真っ暗にしています。遮光カーテンを使って全く光が入らないようにしています。暗いのが嫌だという友達との旅行にはアイマスクを持っていきます。昔は身の安全を確保するために、夜は火を焚き、星や月の薄明りの下で寝ていたそうです。真っ暗だと不安を感じて眠れない人がいるのはそのためだそうです。悪い夢を見やすいとも言われています。私は真っ暗の方が安心するのですが。ただ以前、夜中にトイレへ行く時に真っ暗で何も見えなくて、机の角にぶつかったことがあります。それに朝は自然な目覚めのためには日の光が入った方がいいそうです。その意見には賛成なので、真っ暗はやめてカーテンを換えるなどしてみようと思います。

69 ＡとＢの意見として共通しているものは何か。

1 ＡもＢも、今までの習慣を変えてみようと考えている。

2 ＡもＢも、今まで通りで何も問題ないと考えている。

3 ＡもＢも、眠る時の習慣には個人差があると考えている。

4 ＡもＢも、眠る時には電灯をつけるのが良いと考えている。

70 ＡとＢのどちらの文章にも触れられていない点は何か。

1 明るい場所で眠ると太りやすくなるらしい。

2 寝る直前までスマホを触ると悪い夢を見るらしい。

3 真っ暗の中で不安を感じるのは人類の習性らしい。

4 朝は太陽の光を浴びる方がいいらしい。

問題13 次の文章を読んで、後の問いに対する答えとして最もよいものを、1・2・3・4から一つ選びなさい。 ♛♛♛

　植物を育てた経験がある人は多いでしょう。植物を育てる理由は色々ありますが、気分を変えたり、気持ちを安定させたいと思い植物を育てる人も多いのではないでしょうか。

　植物を育てることにはさまざまなメリットがあります。例えば、安心感を得（え）られる、気持ちをリフレッシュできる、癒（いや）される、達成感を得（え）られるなどです。

　一般的に植物の緑は安心感を与えたり、疲れを取る効果があると言われています。植物を育てることで、家の中に緑（みどり）が多くなり、より心が安定します。山や森で緑を見て、癒（いや）された経験がある人も多いでしょう。癒（いや）しとは、心が温（あたた）かくなり、安心感を得（え）ることです。このように植物の存在は人間に癒（いや）しを与えてくれます。

　また、植物の世話をすることで思いやりの心を育てたり、達成感（たっせいかん）が得（え）られるとも言われています。植物は心と体にいい影響を与えるものです。現代社会では一人でいることをさびしいと感じる人が増えています。植物を置くことで、普段（ふだん）の暮らしに明るい光がさすかもしれません。

　ここで気をつけなければいけないことは、植物を育てることは簡単なことではないということです。継続的（けいぞくてき）に植物の状態を確認する必要があるため、手間（てま）はかかります。しかし、それだけの価値はあるでしょう。皆さんも、植物を育ててみるのはどうでしょうか。

71 植物について正しいものはどれか。

1 植物を育てることは難しく、楽しくない。

2 植物を育てると気持ちが落ち着く。

3 植物を育てるとけがが治る。

4 植物を育てる理由は一つだけだ。

72 人が植物を育てる理由として考えられるものはどれか。

1 植物を食べると安心感が得られるため。

2 一人でいるのがさびしいため。

3 家の中が暗いため。

4 みんな植物を育てているため。

73 この文章の内容と合っているものはどれか。

1 癒しを得るために山や森に行かなければならない。

2 植物を育てるのはとても簡単で楽しいことだ。

3 植物を育て始めたのは近代になってからだ。

4 人間は植物から癒しを得ることができる。

問題14　右のページは、ベーキングクラスの案内である。下の問いに対する答えとして、最もよいものを、1・2・3・4から一つ選びなさい。　👑👑👑

74　イベントの参加条件について、正しいものはどれか。

1　保護者は2名以上でも参加できる。

2　参加費は人数分を支払う。

3　申し込みはメールでしかできない。

4　子どもは2名までなら参加できる。

75　小麦アレルギーを持つ人は、どうすればベーキングクラスに参加できるか。

1　予約時に先生へ事前報告し、別の材料に変更してもらう。

2　参加することができない。

3　当日に同時進行される米粉ベーカリー教室に移動する。

4　参加することは可能だが食べることはできない。

親子で楽しむベーキングクラス

お子さんの想像力を育むキャラクターメロンパンづくり！

①**日時**：９月18日（土）11時 〜 15時（10時半より受付開始）

②**定員**：15組（１組３名様まで）

③**対象**：小学２〜５年生のお子様と、お父様またはお母様

④**場所**：そよかぜベーカリー２階（福岡県のばたけ市１丁目２番地３号）

⑤**先生**：山田のり子氏（そよかぜベーカリーオーナー）

⑥**参加費**：ご家庭１組につき500円（当日現金でお支払いください）

⑦**申請方法**：① Ｅメール：soyokaze@abc.com

　　　　　　　②電話／ FAX：092-123-4567

⑧**申し込み締め切り**：９月１日まで

⑨**持ち物**：エプロン、ハンドタオル、楽しむ気持ち

＊卵や牛乳のアレルギーをお持ちの方は予約時にお知らせください。

＊アレルギーフリーの材料を使っています。

＊小麦粉アレルギーをお持ちの方は申し訳ございませんがご遠慮いただきますようお願い申し上げます。10月開催予定の米粉ベーカリー教室への参加をご検討ください。

通し聞き用音声
🎧 MP3　N2-2-43

N2
聴解
（50分）

注　意
Notes

1. 試験が始まるまで、この問題用紙を開けないでください。
   Do not open this question booklet until the test begins.

2. この問題用紙を持って帰ることはできません。
   Do not take this question booklet with you after the test.

3. 受験番号と名前を下の欄に、受験票と同じように書いてください。
   Write your examinee registration number and name clearly in each box below as written on your test voucher.

4. この問題用紙は、全部で12ページあります。
   This question booklet has 12 pages.

5. この問題用紙にメモをとってもいいです。
   You may make notes in this question booklet.

じゅけんばんごう 受験番号　Examinee Registration Number	

名　前　Name	

問題 1

🎧 MP3 N2-2-01

問題1では、まず質問を聞いてください。それから話を聞いて、問題用紙の1から4の中から、最もよいものを一つ選んでください。

れい
例 🎧 MP3 N2-2-02

1　インターネットで授業の登録をする
2　情報センターを訪ねる
3　授業の変更願を出す
4　インターネットで授業の削除をする

1番 🎧 MP3 N2-2-03 　　👑👑👑

1　駐車場に行く
2　ロビーに行く
3　営業部に行く
4　総務部に行く

2番 🎧 MP3 N2-2-04 　　👑👑👑

1　受付で名札をもらったあと
2　教室で資料を確認したあと
3　教室にメンバーが揃ったあと
4　職員室で資料をもらったあと

3番 🎧MP3 N2-2-05　　　　　　　　　　👑👑👑

1　今までまとめた部分をメールで送る
2　まとめる作業の続きを始める
3　発表の練習をする時間を決める
4　先生に連絡して頼む

4番 🎧MP3 N2-2-06　　　　　　　　　　👑👑👑

1　薬局に行く
2　服を着替える
3　食べ物を買いに行く
4　ご飯を作る

5番 ばん
🎧 MP3 N2-2-07

1 売店で封筒と切手を買う
2 ネットで試験料を支払う
3 学校で証明写真を撮る
4 学校で入学願書を提出する

もんだい 問題2

問題2では、まず質問を聞いてください。そのあと、問題用紙のせんたくしを読んでください。読む時間があります。それから話を聞いて、問題用紙の1から4の中から、最もよいものを一つ選んでください。

れい 例 MP3 N2-2-09

1 ラジオを聞いて勉強する

2 グエンさんの友人に教えてもらう

3 大学のサークルに通う

4 インターネットでレッスンを受ける

1番 🎧 MP3 N2-2-10　　　　　　　　　　♛♛♛

1　デニムと合わせるために交換する
2　交換はせず、他の服と合わせて着る
3　シャツと合わせられるように長さを変える
4　友達のパーカーと交換する

2番 🎧 MP3 N2-2-11　　　　　　　　　　♛♔♔

1　口コミ効果で客が増えたこと
2　売り上げが伸びていること
3　男性から評価してもらったこと
4　おいしいという言葉を聞くこと

3番 🎧MP3 N2-2-12 ♔♔♕

1 授業中に留学生が発言する時間が少ないこと
2 日本人の学生ばかりが集まること
3 先生の話が聞き取りにくかったこと
4 店員にわざと話しかけたこと

4番 🎧MP3 N2-2-13 ♔♔♕

1 パソコンでデータを変換できるから
2 集めて並べておくのが好きだから
3 ストリーミングしてスマホで聴けるから
4 気に入った音楽を残しておきたいから

5番 🎧 MP3 N2-2-14 ♔♕♕

1 商品の広告を出す

2 商品の値段を下げる

3 商品を使う前に床を片付ける

4 商品の説明パンフレットを作る

6番 🎧 MP3 N2-2-15 ♔♕♕

1 来週の月曜日

2 来週の火曜日

3 来週の水曜日

4 来週の木曜日

もんだい
問題3

🎧MP3 N2-2-16

問題3では、問題用紙に何もいんさつされていません。この問題は、全体としてどんな内容かを聞く問題です。話の前に質問はありません。まず話を聞いてください。それから、質問とせんたくしを聞いて、1から4の中から、最もよいものを一つ選んでください。

— メモ —

例　🎧MP3 N2-2-17

1番　🎧MP3 N2-2-18　　　👑👑👑

2番　🎧MP3 N2-2-19　　　👑👑👑

3番　🎧MP3 N2-2-20　　　👑👑👑

4番　🎧MP3 N2-2-21　　　👑👑👑

5番　🎧MP3 N2-2-22　　　👑👑👑

聴解

第2回

もんだい
問題4

問題4では、問題用紙に何もいんさつされていません。まず文を聞いてください。それから、それに対する返事を聞いて、1から3の中から、最もよいものを一つ選んでください。

— メモ —

れい
例　🎧 MP3 N2-2-24

1番　🎧 MP3 N2-2-25　　👑👑👑

2番　🎧 MP3 N2-2-26　　👑👑👑

3番　🎧 MP3 N2-2-27　　👑👑👑

4番　🎧 MP3 N2-2-28　　👑👑👑

5番　🎧 MP3 N2-2-29　　👑👑👑

6番　🎧 MP3 N2-2-30　　👑👑👑

7番　🎧 MP3 N2-2-31　　👑👑👑

8番　🎧 MP3 N2-2-32　　👑👑👑

9番　🎧 MP3 N2-2-33　　👑👑👑

10番　🎧 MP3 N2-2-34　　👑👑👑

11番　🎧 MP3 N2-2-35　　👑👑👑

12番　🎧 MP3 N2-2-36　　👑👑👑

もんだい
問題5

🎧 MP3 N2-2-37

問題5では、長めの話を聞きます。この問題には練習はありません。
問題用紙にメモをとってもかまいません。

1番
🎧 MP3 N2-2-38   ♛♛♕

2番
🎧 MP3 N2-2-39   ♛♛♕

問題用紙に何もいんさつされていません。まず話を聞いてください。それから、質問とせんたくしを聞いて、1から4の中から、最もよいものを一つ選んでください。

― メモ ―

聴解

第2回

3番 🎧 MP3 N2-2-40·41

まず話を聞いてください。それから、二つの質問を聞いて、それぞれ問題用紙の1から4の中から、最もよいものを一つ選んでください。

質問1　♔♔♔

1　1万円
2　3万円
3　5万円
4　10万円

質問2　♔♔♔

1　1万円
2　3万円
3　5万円
4　10万円

N2 言語知識（文字・語彙・文法）・読解

受験番号
Examinee Registration Number

名前
Name

〈ちゅうい Notes〉

1. くろいえんぴつ(HB.No.2)でかいてください。
Use a black medium soft (HB or No.2) pencil.
（ペンやボールペンではかかないでください。）
(Do not use any kind of pen.)

2. かきなおすときは、けしゴムできれいにけして
ください。
Erase any unintended marks completely.

3. きたなくしたり、おったりしないでください。
Do not soil or bend this sheet.

4. マークれい Marking Examples

よいれい Correct Example	わるいれい Incorrect Examples
●	⊘ ⊗ ◯ ◑ ⦵ ○

問 題 1

1	①	②	③	④
2	①	②	③	④
3	①	②	③	④
4	①	②	③	④
5	①	②	③	④

問 題 2

6	①	②	③	④
7	①	②	③	④
8	①	②	③	④
9	①	②	③	④
10	①	②	③	④

問 題 3

11	①	②	③	④
12	①	②	③	④
13	①	②	③	④
14	①	②	③	④
15	①	②	③	④

問 題 4

16	①	②	③	④
17	①	②	③	④
18	①	②	③	④
19	①	②	③	④
20	①	②	③	④
21	①	②	③	④
22	①	②	③	④

問 題 5

23	①	②	③	④
24	①	②	③	④
25	①	②	③	④
26	①	②	③	④
27	①	②	③	④

問 題 6

28	①	②	③	④
29	①	②	③	④
30	①	②	③	④
31	①	②	③	④
32	①	②	③	④

問 題 7

33	①	②	③	④
34	①	②	③	④
35	①	②	③	④
36	①	②	③	④
37	①	②	③	④
38	①	②	③	④
39	①	②	③	④
40	①	②	③	④
41	①	②	③	④
42	①	②	③	④
43	①	②	③	④
44	①	②	③	④

問 題 8

45	①	②	③	④
46	①	②	③	④
47	①	②	③	④
48	①	②	③	④
49	①	②	③	④

問 題 9

50	①	②	③	④
51	①	②	③	④
52	①	②	③	④
53	①	②	③	④
54	①	②	③	④

問 題 10

55	①	②	③	④
56	①	②	③	④
57	①	②	③	④
58	①	②	③	④
59	①	②	③	④

問 題 11

60	①	②	③	④
61	①	②	③	④
62	①	②	③	④
63	①	②	③	④
64	①	②	③	④
65	①	②	③	④
66	①	②	③	④
67	①	②	③	④
68	①	②	③	④

問 題 12

69	①	②	③	④
70	①	②	③	④

問 題 13

71	①	②	③	④
72	①	②	③	④
73	①	②	③	④

問 題 14

74	①	②	③	④
75	①	②	③	④

N2 聴解

JLPT リアル模試 N2 解答用紙［第 2 回］

受験番号
Examinee Registration Number

名前
Name

（ちゅうい Notes）
1. くろいえんぴつ(HB、No.2)でかいてください。
   Use a black medium soft (HB or No.2) pencil.
   （ペンやボールペンではかかないでください。）
   (Do not use any kind of pen.)
2. かきなおすときは、けしゴムできれいにけしてください。
   Erase any unintended marks completely.
3. きたなくしたり、おったりしないでください。
   Do not soil or bend this sheet.
4. マークれい Marking Examples

よいれい Correct Example	わるいれい Incorrect Examples
●	⊗ ◌ ○ ◑ ⊘ ◍

問題 1

	①	②	③	④
例	①	②	●	④
1	①	②	③	④
2	①	②	③	④
3	①	②	③	④
4	①	②	③	④
5	①	②	③	④

問題 2

	①	②	③	④
例	①	●	③	④
1	①	②	③	④
2	①	②	③	④
3	①	②	③	④
4	①	②	③	④
5	①	②	③	④
6	①	②	③	④

問題 3

	①	②	③	④
例	●	②	③	④
1	①	②	③	④
2	①	②	③	④
3	①	②	③	④
4	①	②	③	④
5	①	②	③	④

問題 4

	①	②	③
例	●	②	③
1	①	②	③
2	①	②	③
3	①	②	③
4	①	②	③
5	①	②	③
6	①	②	③
7	①	②	③
8	①	②	③
9	①	②	③
10	①	②	③
11	①	②	③
12	①	②	③

問題 5

		①	②	③	④
1		①	②	③	④
2		①	②	③	④
3	(1)	①	②	③	④
	(2)	①	②	③	④

JLPTリアル模試 N2
PC：7023013